KB016376

다들 그렇게
산다는 말은
하나도 위로가
되지 않아

STEHAUFQUEEN by Nicole Staudinger(www.nicole-staudinger.net)
Copyright© 2018 by Verlagsgruppe Droemer Knaur GmbH&Co. KG, Munich
Korean Translation Copyright © 2019 by Galmaenamu Publishing Co.
All rights reserved.
The Korean language edition is published by arrangement with
AVA international GmbH, Autoren‑ und Verlagsagentur(www.ava-international.de)
through MOMO Agency, Seoul.

이 책의 한국어판 저작권은 모모 에이전시를 통해
AVA international GmbH, Autoren‑ und Verlagsagentur사와의
독점 계약으로 갈매나무 출판사에 있습니다.
저작권법에 의해 한국 내에서 보호를 받는 저작물이므로
무단전재와 무단복제를 금합니다.

다들 그렇게
산다는 말은
하나도 위로가
되지 않아

니콜 슈타우딩거 지음 | 장혜경 옮김

힘겨운 시간을 통과하고 있는 당신에게 들려주고 싶은 이야기

갈매나무

2. 그 일을 겪기 전의 나로
돌아갈 수는 없겠지만

3. 내가 가진 두려움을 일일이 적는다면
백과사전 한 권은 만들고도 남겠지

4. "바람은 딴 데에서 오고 구원은
예기치 않은 순간에 오고…."

커피 한 잔과 초콜릿 케이크 한 조각,
연필 한 자루를 준비하세요

사람은 참 다르다. 그게 참 좋다. 이 책에서 말하고자 하는 요점도 바로 이 두 가지다.

사람은 다 다르다는 말을 들으면 보통은 고개를 끄덕이며 대답할 것이다. "당연하지, 누가 그걸 모른다고." 하지만 가만히 생각해보면 나와 다른 사람들 때문에 괴로웠던 적이 한두 번이 아닐 것이다. 우리는 남을 함부로 평가하고 자신이 짠 편견의 틀에 억지로 끼워 맞추려고 한다. 주변을 돌아보라. 그런 일은 너무나도 자주 일어난다. 사람은 각양각색이어서 똑같은 일도 다 다르게 보기 때문이다. 어떤 이에게는 망치로 얻어맞은 것 같은 충격이 또 어떤 이에게는 솜방망이인 것이다.

우리 모두는 살면서 이런저런 일을 겪는다. 그런데 같은 일을 겪고도 어떤 사람은 쓰러져 일어나지 못하는데 어떤 사람은 금방 툭툭 털고 일어난다. 왜 그럴까? 무엇 때문일까? 이 책은 의학 서적이나 심리학 참고서가 아니다. 경험과 관찰의 보고서다. 책을 읽으며 당신은 '아, 나와 똑같네!'라고 생각할 수도 있을 것이고, 더 나아가 내 글에서 용기를 얻어 주먹을 불끈 쥐고 다시 도전할 수도 있을 것이다.

여기에는 개인적인 경험이 많이 담겼다. 가족 이야기가 많아서 나도 적어나가기가 힘이 들었다. 그래도 책이 완성되려면 어쩔 수 없이 거쳐야 하는 과정이었다. 묵은 상처가 터질 때는 마음이 몹시 아팠지만 결국 이 책은 상처를 부드럽게 어루만져 주었다.

나는 함부로 조언하지 않는다. 당신이 어떤 상황인지 모를뿐더러 이래야 하고 저래야 한다는 식의 충고에는 나 역시 언제나 알레르기 반응을 보이기 때문이다. 이 책에서 무엇을 꺼내 쓸지는 당신이 결정할 일이다. 꼭지가 끝날 때 중간중간에 내가 그 일로 무엇을 배웠는지 적었고, 당신이 무엇을 배웠는지 적을 수 있게 공간을 마련했다.

이 책에는 무슨 이야기가 담겨 있을까? 쓰러지고 넘어지고 아파하고 울고 상처받은 이야기가 있다. 이불을 뒤집어쓰고 엉엉 울거나 땅속으로 꺼져버렸으면 하고 바라던 순간들이 있다. 하지만 결코 징징 하소연하거나 포기하지는 않았다. 모두가 용기를 내어 벌떡 일어서려는 이야기다.

당신이 나와 함께 이 얘기를 읽었으면 좋겠다. 때론 웃고 떠들며, 때론 슬퍼서 울기도 하며 이 순간들을 나와 함께 음미했으면 좋겠다. 모든 일이 실제 일어났던 일이다. 내가 직접 겪었거나 내 가족이 겪었거나 가까운 사람들이 겪은 일이다. 커피 한 잔과 맛난 초콜릿 케이크 한 조각(아니 두 조각?), 연필 한 자루를 준비하라. 앞서도 말했지만 당신이 무엇을 배웠는지 적어야 할 자리가 준비돼 있다.

나는 평가하지 않는다. 나는 심리학자가 아니므로 내가, 내 가족이, 내 친구가 활용한 위기를 극복하는 전략을 평가할 자격이 없다. 그저 당신에게 보여주고 싶을 뿐이다. 어떻게 우리가 깊은 구렁에서 기어 나왔는지, 어떻게 우리가 다시 일어설 수 있었는지 말이다. 심층심리학적으로 의미가 있는지 없는지는 내가 판단할 사안이 아니다.

이 책을 어떻게 읽고 활용할지는 모두 당신의 몫이다. 처음부터 차근차근 읽어도 좋을 것이고 마음에 드는 꼭지를 골라 앞뒤를 오가며 읽어도 상관없다. 여러 번 읽으며 나름의 결론을 끌어내고 책에서 소개한 내용을 자신에게 맞게 활용한다면 더할 나위 없을 것이다.

인생의 배낭은 우리가 어쩔 수 없는 영역이다.

대부분 태어나면서부터 정해져 있다.

하지만 신발과 태도와 끈기는 우리 손에 달려 있다.

내가 정할 수 있다.

1

인생은
계획대로 되지 않는 것

사람들은 모두 아무렇지 않은
얼굴을 하고 살아가지만

아직 할머니가 살아 계시는가? 그럼 아마 지금도 할머니께 이런저런 인생의 지혜를 배우고 있을 것이다. 우리 할머니도 그런 지혜로운 말씀을 많이 들려주셨는데, 어떤 것은 큰 도움이 됐지만 또 어떤 것은 마음을 어지럽히기도 했다. 특히 "한 사람이 오면, 한 사람이 간다."라는 말씀은 좀 섬뜩한 기분까지 들었다. 그런데 안타깝게도 바로 그런 일이 우리 가족에게 일어났다.

이 책을 쓰기 시작할 무렵 나는 처음으로 부모님과 그 사건에 대해 상세한 이야기를 나눴다. 내가 태어나기 몇 주 전에 일어났던 그 일에 대해. 4월의 비 내리는 날이었다. 부모님은 이제 곧 세상에 태어날 아기를 맞을 생각에 몹시 들떠 있었다. 그 아기가 바로 나였다.

당시 만삭이던 엄마는 스물한 살의 어린 나이였지만 아버지와 결혼을 하면서 열한 살의 딸을 얻었다. 아이의 이름은 아냐였다.

요즘 같으면 특별한 일도 아니지만 당시만 해도 이혼 가정이 흔치 않았다. 아냐는 그런 이혼 가정의 아이였고 친권과 양육권이 모두 아버지에게 있었다. 아버지는 아내와 헤어진 지 몇 년 후 우리 엄마를 만났고, 두 사람은 열 살이라는 큰 나이 차에도 불구하고 서로를 사랑하게 됐다. 당시로서는 평범한 가족 형태는 아니었지만 부모님은 행복했고 아냐도 '새엄마'를 몹시 따랐다.

"내가 자전거 타고 가서 신문 사 오면 안 돼요?" 아냐가 아버지에게 이렇게 물었다. 1982년의 성금요일이었다. 그날 부모님은 친구들과 만나기로 약속했는데, 친구들이 부모님께 오는 길에 가판대에서 신문을 한 부 사달라고 부탁을 했다. 점심을 먹은 직후였다. 감자, 샐러드, 생선튀김. 모두 아냐가 좋아하는 음식이었다.

"안 돼. 비 오잖아. 추워서 자전거 못 타. 차로 가면서 가판대 근처에 잠깐 정차하면 돼." 아버지가 말했다.

"아빠, 부탁이야."

아냐는 자전거를 무척 좋아했다. 딸이 하도 조르는 통에 아버지는 하는 수 없이 딸의 부탁을 들어줬다. 작은 가판대는 자전거로 3분이면 도착할 거리에 있었으니까.

나는 아냐를 한 번도 보지 못했다. 가판대로 향한 그 길이 짧은 그의 삶이 걸었던 마지막 길이었기 때문이다.

80년대 초만 해도 아직 자전거용 헬멧이 없었다. 그런 것이 있었다면 이야기는 다르게 흘러갔을 것이다. 그랬다면 이랬을 것이고 저럴 수 있지 않았을까? 아무 소용도 없는 그런 무의미한 질문으로 우리 부모님이 얼마나 자신을 괴롭혔을지 충분히 상상할 수 있을 것이다.

너무 오래 걸린다고 엄마가 생각할 무렵 경찰차의 사이렌 소리가 들렸다. 지극히 평범한 일상의 소음이던 그 소리는, 그러나 1982년 이후 참을 수 없는 기억의 외침이 돼버렸다.

"어디쯤 오고 있나 내가 나가 볼게." 아버지가 만삭의 엄마에게 말하고는 가판대까지 걸어가서 주인에게 아냐가 왔었는지 물었다.

"안 왔어요. 그런데 조금 전에 저기서 사고가 났어요." 주인이 대답했다.

"그 말이 떨어지기 무섭게 경찰차가 모퉁이를 돌아 다가왔는데 차 트렁크에 아냐의 자전거가 실려 있더구나." 35년 후 아버지는 내게 담담히 말했다. 나쁜 일을 예감했느냐는 내 물음에 아버지는 이렇게 대답했다. "아니. 경찰이 아이가 사고를 당해서 병원으로 수송했다고 하기에 '다리가 부러졌구나' 하고 생각했어."

하나가 오면 하나가 간다

놀랍게도 아버지는 평생 이런 낙관적인 태도, 일단 좋은 것에서 출발하는 태도를 잃지 않았다. 그날 이후 아버지가 완전히 돌변해서 가족에게 무슨 일이 생기면 일단 나쁜 쪽으로 생각하게 됐다고 해도 아마 나는 지극히 당연하다고 여겼을 것이다.

이런 낙관적 태도가 타고나는 것인지는 잘 모르겠다. 우리 엄마의 경우 그 당시 사고 소식을 듣고 무슨 생각을 했냐고 물었을 때 아버지와는 전혀 다른 대답을 했기 때문이다.

"우리는 병원마다 쫓아다니며 아이를 찾았단다. 아무도 어느 병원인지 말해주지 않았거든." 두 사람은 나와 이야기를 나누면서 시간여행을 떠났다. 그들의 얼굴에서 고통을 읽을 수 있었다.

마침내 병원을 찾았을 때 아냐는 수술 중이었다.

"상태가 안 좋습니다. 머리 부상이 심각합니다." 병원에서는 그렇게 말했다.

수술실을 나온 아냐는 중환자실로 들어갔고, 의사는 아이의 상태로 보아 영영 집으로 돌아가지 못할 것이라고 말했다. 부모님은 수천 번 아니라고 속으로 외치고 또 외쳤지만, 아이는 면회조차 되지 않았다. 아냐는 심각한 뇌손상을 입어 뇌사상태에 빠졌다. 기계로 겨우 목숨을 연명했다. "아빠 안녕!" 하고 집을 나선 아이가 뇌사상태로 병원 침대에 누워 있기까지, 그 사이에는 잠시 한눈을 판 젊은 운전자가 있었다.

그 모든 '우리'의 이야기를 나는 이미 알고 있었다. 그 경과와 사실들을. 운전자는 '처벌'받지 않았고 사과를 한 적도 없으며 오히려 우리더러 깨진 차 앞 유리창을 변상하라고 우겼다. 부모님은 그 사건 이후 도심을 떠나 시골로 이사했고, 아버지는 하룻밤 사이에 머리가 하얗게 새 버렸다. 그 모든 사실을 나는 알고 있었다. 하지만 친딸을 잃은 아버지가 어떻게 상처를 딛고 다시 일어설 수 있었는지, 그 과정은 고민해본 적도, 물어본 적도 없었다.

아이를 키우는 부모라면, 어린 조카를 사랑하는 이모나 삼촌이라면 아마 이 글을 읽는 것만으로도 가슴이 찢어질 것이다. 자기 아이를 제 손으로 땅에 묻는다면? 부모에게 이보다 더 끔찍한 상상은 없을 것이다.

우리 부모님은 그런 일을 겪었다. 엄마가 된 지금의 나는 상상만으로도 가슴이 찢어진다.

"어떻게 이겨내셨어요? 어떻게 저한테 그렇게 좋은 아빠가 돼주시고 자전거도 가르쳐주실 수 있었어요?" 나는 아버지에게 물었다.

"그 힘은 바로 너였단다. 그때도 그랬고 또 지금도 그래. 네가 없었다면 결코 일어서지 못했을 거야."

아냐는 일주일 후 숨을 거뒀다. 의사는 깨어났더라도 평생 간병을 받으며 심각한 후유증에 시달렸을 것이라고 말했다.

"악몽 같았지. 세상이 무너진 것 같았어. '어떻게 사람들이 저렇게 아무렇지도 않은 얼굴을 하고 돌아다닐까? 내 딸이 죽었는데. 어떻게 저렇게 아무렇지도 않게 살 수 있는 걸까?' 그런 생각이 들었지." 아버지가 말했다.

부모님의 삶에서 가장 힘들었던 그 시간에 하루하루 출산의 날도 다가왔다. 죽음과 삶은 그렇게 가까웠다.

"처음에 네 아빠는 입만 열면 사고 이야기를 했단다. 지금 와서 생각해보면 쇼크 때문이었던 것 같아. 사고 현장에 수백 번도 더 갔고, 갈 때마다 사진을 찍고 브레이크 제동 거리를 계산해서 사고 원인을 찾았어." 엄마가 말했다.

수사가 종결됐고 운전자는 무죄라는 소식을 검사로부터 전해 듣고 아버지는 법원에 항의서한을 보냈다. 그 편지 때문에 재판이 다시 진행됐고 운전자는 당시 600마르크의 벌금형을 선고받았다.

"그다음에는 어떻게 됐어요? 어떻게 사셨어요?" 내가 아버지에게 물었다.

"어린이 교통사고 뉴스를 찾아 읽었지. 우습게 들릴지 몰라도 나 혼자만 그런 일을 당한 게 아니라는 사실을 알고 나면 마음이 훨씬 편안해졌거든. 묘지에 가서 아이들 무덤을 찾아서 몇 살에 죽었는지 확인도 하고 그랬단다."

사랑이 슬픔을 이겼다

만삭의 임산부였던 엄마는 아버지를 따라다닐 수 없었다. 우리 부모님이 충격을 극복한 방식은 각자 달랐다. 엄마는 뱃속의 아기를 보호하는 데 최선을 다했고 아버지는 고통의 동지를 찾아 헤맸다.

"제일 힘든 것은 죄책감이었어. 죄책감이 오래갔지. 자전거를 타고 가도 된다고 허락한 것도 괴로웠지만 내가 다시 정상적인 생활을 하려고 노력하는 게 아이에게 너무 미안했거든. 나도 모르게 웃어놓고 금방 죄책감이 드는 거야. '딸이 죽었는데 넌 웃음이 나오니?'"

"언제부터 다시 출근하셨어요?" 내가 물었다.

"일주일 후."

"일을 하는 게 더 나았을까요?"

"일이 있어 정말 다행이었지."

다시 한번 말하지만 나는 심리학자가 아니다. 따라서 나의 글은 감히 그 상황을 평가하려는 노력이 아니다. 나는 그저 부모님의 말씀을 그대로 옮겼을 뿐이다. 덜지도 보태지도 않고, 있는 그대로.

"제가 태어났을 때 어땠어요?"

"아빠 얼굴에 오랜만에 웃음꽃이 피었지." 엄마가 말했다.

아버지가 옆에서 거들었다. "아냐가 죽고 나서는 세상만사가 시들했거든. 아침마다 아냐 방에 들어가면 거기서 놀던 아이 모습이 떠올랐어. 아냐는 돌아올 수 없지. 그걸 모르는 게 아냐. 아이는 병원 영안실에 안치돼 있었으니까. 그래서 장례식을 마치고 매일 묘지를 찾아다닐 때가 차라리 마음이 편했단다. 술을 마시지 않으면 잠을 잘 수가 없었고. 하지만 네가 태어나자 모든 것이 달라졌어. 갑자기 핏덩이가 우리에게로 와서 사랑과 애정을 갈구했지. 아냐를 잊을 수는 없었지만 이제 정신이 딴 곳에 팔렸어. 네가 우리를 살렸단다."

물론 우리의 이야기는 해피엔드가 아니다. 어쨌든 아냐는 죽었으니까. 아냐는 돌아오지 못했으니까. 하나가 오니 하나가 갔다. 벌써 35년 전의 일이다. 지금은 아냐의 무덤조차 남아 있지 않다. 당시에 자전거용 헬멧이 있었다면 어쩌면 지금 나는 이모가 됐을지도 모른다. 우리 아이들에게도 이모가 있었을 것이다. 하지만 나는 형제가 없다.

우리 부모님에게는 무엇이 도움이 됐을까? 어떻게 두 분은 다시 편안한 일상으로 돌아갈 수 있었을까? 어떻게 지금처럼 멋지고 유쾌하고 명랑한 분들이 될 수 있었을까?

아버지는 사고를 당한 직후 다시 일어서기 위해 나름대로 몇 가지 방법을 동원했다. 그런 일을 당해본 적이 없는 사람이라면 고개를 갸웃할지도 모르지만 아버지에게는 많은 도움이 됐던 방법들이다.

나를 일으켜 세운 한 문장

• 어떻게 해서 그런 일이 일어났을까.

아버지는 이해를 원했다. 사고 현장을 측량하고 브레이크 제동 거리를 계산해 사고를 이해하려고 노력했다. 어떻게 해서 그런 일이 일어났는지 지극히 객관적인 방식으로 알아내려 했다. 그러느라 이런저런 일들을 했을 것이고 적어도 그동안에는 괴로움을 잊을 수 있었으니 그런 노력이 많은 도움이 됐을 것이다.

• 나와 비슷한 일을 겪은 사람이 또 있다.

신문이나 텔레비전에서 아동 안전사고 기사를 읽었고 관련 자료를 수소문했다. 어린아이들 묘지를 찾아 자신처럼 자식을 먼저 보낸 부모를 만났다. 아버지의 아픔에 공감해줄 사람, 세상에 그런 일을 겪은 사람이 아버지 혼자가 아니라는 위안을 줄 수 있는 사람들을 찾아다녔다.

• 나는 혼자가 아니다.

아버지는 혼자가 아니었다. 아버지에게는 자신을 지지해줄 가족이 있었다. 아내와 장인, 장모가 옆에 있었다. 우리 외할머니도 자식을 먼저 보낸 경험이 있어서 다른 사람들보다 아버지를 더 잘 이해해줄 수 있었다.

• 그냥 옆에 있어주는 것이 최고다.

"무슨 말이 필요했겠니?" 아버지는 그렇게 말씀하신다. 그런 순간에는 아무 말 하지 않고 그냥 옆에 있어주는 것이 최고다.

• 사랑이 가장 큰 힘이다.

그리고 마지막으로 새로 태어난 아기에 대한 사랑, 그 아기를 보살피는 시간이 아버지에게 큰 힘을 선사했다.

사람들은 큰일을 겪은 친구와 이웃에게 흔히 이런 위로를 건넨다. "그만 잊어버려. 관심을 딴 데로 돌려봐." 맞는 말이기는 하지만 또 한편 참 비인간적인 말이다. 잊으라니, 이 얼마나 야박한 말인가! 어쨌든 사랑이 슬픔을 이겼다. 사랑과 슬픔, 그 두 가지에 똑같은 강도로 집중할 수는 없다. 그건 불가능하다. 한쪽이 우선권을 쥐게 된다. 그렇다고 해서 결코 다른 쪽이 사라지는 것은 아니다. 나를 사랑한다고 해서 언니를 잃은 아버지의 슬픔이 사라진 것은 아니었다. 그래도 잠시, 잠시 슬픔을 잊을 수는 있었다.

힘겨운 시간, 중요한 시험을 앞뒀거나 면접이나 병원 검사 결과를 기다리는 순간, 우리의 생각은 오직 그 일을 맴돈다. 다른 것은 까마득히 물러난다. 우리의 관심은 백 퍼센트 그 문제에 맞춰진다.

아버지는 일단 열심히 일에 매진해 아픔을 잊으려 애썼다. 아버지에게는 중요한 걸음이었다. 일상으로 돌아가기 위한 첫걸음이었다. 그리고 몇 주 후 내가 태어나자 부모님의 관심은 오직 내게로 향했다. 원하건 원치 않건 그럴 수밖에 없었다. 갓난아기는 부모의 완벽한 관심을 요구한다. 부모라면 알 것이다. 아기가 가족에게 어떤 의미인지를.

나도 경험해봤기 때문에 자신 있게 말할 수 있다. 큰아들이 태어난 후 2년 동안 내 삶은 내 것이 아니었다. 그 쪼그만 아기가, 냄새를 풍기고 배고프다고 울어대는 그 아기가 내 하루 일과를 결정했다. 그것 역시 좋은 점도 있고 나쁜 점도 있다. 인생의 모든 것이 그러하듯 말이다. 우리 부모님의 경우 긍정적인 면이 우세했다. 관심의 초점이 아기를 향했고 덕분에 슬픔을 잠시 잊을 수 있었으니까.

똑바로 서서 오른손으로 배를 문질러보라. 한 끼 잘 먹은 사람처럼 배를 슥슥 문질러보라. 동시에 왼손으로는 머리를 톡톡 두드려보자. 다들 잘 아는 집중력 훈련 문제다. 두 가지 일을 동시에 하는 것은 생각보다 무척 힘들다. 감정도 마찬가지다. 온전히 신생아에게 집중해야 할때는 슬픔에 푹 빠질 수 없다. 좋건 싫건 그럴 수밖에 없다.

앞서도 말했다. 내가 하려는 것은 평가나 판단이 아니라고. 나는 그저 슬플 때는 어떤 것이 도움이 되는지 보여주고 싶을 뿐이라고 말이다. 판단은 당신의 몫이다.

당신의 문장을 적어보세요.

다들 그렇게 산다는 말은 하나도 위로가 되지 않아

누구에게나 자기만의 속도가 있다

제일 친한 친구와 등산을 가기로 약속한다. 배낭을 똑같이 꾸린 덕분에 배낭의 무게는 같다. 둘이서 그 배낭을 메고 산으로 향한다. 한 시간쯤 걷자 당신은 숨이 차서 주저앉고 싶다. 그런데 친구는 아직 등산은 시작도 안 했다는 표정으로 신이 나서 달리다시피 걷는다.

"난 더 못 가겠어." 당신이 친구 뒤통수를 향해 소리친다.

"뭐? 왜 못 가?" 친구가 놀라 묻는다.

"배낭이 너무 무거워. 좀 쉬었다 가자."

"무슨 소리야. 똑같이 넣었는데. 하나도 안 무거운데. 알았어. 나 먼저 갈 테니까 올라가서 만나." 피곤한 기색이라고는 없는 친구가 당신을 향해 활짝 웃으며 말한다.

지금 당신의 기분이 어떨 것 같은가?

여러 가지 가능성이 있겠다. 당신이 단순한데 승부욕이 있는 편이라면 아마 이렇게 생각할 것이다. '내가 지쳤다고? 말도 안 돼. 절대 그렇지 않아!' 혹은 친구보다 떨어지는 체력을 인정하고 이렇게 생각할 수

도 있다. '뭐 좋아. 나중에 올라가서 만나면 되지.'

당신이 생각이 많은 편이라면 아마 조금 더 고달픈 인생이 될 것 같다. 이렇게 생각할 테니까. '왜 나만 피곤하지? 왜 친구는 배낭이 안 무겁다고 하지? 내가 약골인가? 아냐. 그럴 리 없어. 지금이라도 기운을 차려서 어서 따라가자.'

그 결과 어떻게 될까? 당신은 금방 지쳐서 헉헉댈 것이고 등산에 아무런 재미도 느끼지 못할 것이며 배낭도 친구도 미워질 것이다. 하지만 같은 상황을 다음과 같이 다르게 해석할 수 있다. '그래, 배낭 무게는 똑같아. 하지만 그걸 메고 걷는 사람은 다르지.' 친구는 일주일 동안 휴가를 갔다 왔으니 푹 쉬어서 기운이 넘치는 걸 수 있다. 친구가 며칠 전에 좋은 등산화를 구입했을 수도 있다. 또는 친구가 당신 몰래 혼자서 체력 훈련을 했을 수도 있다. 어쩌면 친구가 당신 앞에서는 괜찮은 척 해놓고 혼자 올라가면서 힘들어하고 있을 지도 모른다.

반대로 당신이 이번 주에 밤 근무를 해서 피곤한 것일 수도 있다. 발에 물집이 생겼거나 등이 아파서 힘든 것일 수도 있다. 어젯밤에 잠을 설쳤을 수도 있다. 이처럼 두 사람이 같은 무게의 배낭을 메고 같은 길을 걸어도 속도가 다를 수 있는 이유는 차고도 넘친다.

바꿀 수 있는 영역과 바꿀 수 없는 영역

바로 이것이 중요하다. 제삼자의 입장에서는 절대 알 수 없다. 남과 나를 비교하는 것도 좋은 일이 아니다. 자신의 한계를 인정하지 않고

통증과 피로를 무시하면 그날의 등산은 무사히 다녀올 수 있을지 몰라도 그다음부터는 절대 등산을 하고 싶지 않을 것이다.

휴식을 허하라. 자신에게 말하라. "누구에게나 자기만의 속도가 있는 거야. 좀 쉬고 나면 다시 가뿐하게 올라갈 수 있을 테니 너무 걱정하지 마." 쓸데없는 자책으로 자신을 괴롭히지 마라. 남에 대해서도 함부로 판단하지 마라. 남의 입장이 돼보지 않고는 그 속이 어떨지 알 수 없다.

살다가 넘어질 때엔 자신의 속도로 걸어가면 된다. 물론 잘 걸어가는 사람들을 보며 의욕을 얻고 용기를 북돋는 것은 좋다. 힘이 넘치는 친구를 보며 다시 힘을 낼 수도 있다. 하지만 힘이 나지 않거든 자기만의 방식으로 천천히 가면 그뿐이다. 천천히 걸으면 정상만 보며 달릴 때는 보이지 않던 예쁜 꽃들이 눈에 들어온다.

마지막으로 한마디 더. 인생의 배낭은 우리가 어쩔 수 없는 영역이다. 대부분 태어나면서부터 정해져 있다. 하지만 신발과 태도와 끈기는 우리 손에 달려 있다. 내가 정할 수 있다.

인생은 계획대로 되지 않는 것

"그래. 이번 주 토요일에는 동물원에 가. 오전에는 안 돼. 오후에. 오전에는 청소해야 하거든. 청소 끝나면 동물원에 가자. 근데 좀 일찍 나가야 할 것 같아. 마트에 들러야 하거든. 일요일에는 주잔네랑 프리츠가 아들 데리고 집에 놀러 온다고 했어. 그러니까 오전에 음식 좀 해야해. 당신이 애들 봐줘. 청소기도 좀 돌려주고. 당신도 알잖아. 주잔네가 얼마나 깔끔을 떠는지. 우리 집에 와보고 돼지우리라고 생각하면 어떻게 해. 저녁에는 일 좀 해야겠어. 월요일 아침까지 제안서 제출하기로 했거든. 이번 주말은 그렇게 보내면 되겠다. 정말 우아하고 여유 있을 것 같아. 그치?"

남편 파트릭은 '동물원'이라는 말이 떨어지는 순간 이미 밖으로 나가고 없다.

그랬다. 예전에는 그랬다. 하드코어 워킹맘. 그게 당연하다고 생각했다. 무릇 엄마라면 수만 가지 일을 동시에 척척 해내는 슈퍼우먼이 되어야 한다고 생각했다.

그런데 둘째를 임신하고 12주가 됐을 때 처음으로 의혹이 밀려왔다. 과연 그럴까? 어린이집 신청서를 식탁에 펼쳐두고서 나는 잠시 고민에 빠졌다. 애가 들어서자마자 어디다 치울 생각부터 하다니 이래도 되는 걸까? 미안한 말이지만 이 정도면 병 아닌가?

이런 식이면 임신 기간부터 남의 손에 휘둘린다. 어쩌면 내가 진정으로 원하는 것은 그게 아닐지도 모른다. 아이가 초등학교에 갈 때까지는 집에서 내가 아이를 키우고 싶을지도 모른다. 아니면 6개월 정도부터 몸이 근질거려서 도저히 집에 있고 싶지 않을 수도 있다. 그걸 지금 어떻게 알겠는가? 내가 언제 일이 하고 싶은지 내가 아닌 누가 결정한단 말인가?

당시 신청서를 작성하면서 나는 이런 생각과 씨름했다. 그래도 나는 결국 신청서를 작성했고, 잘하고 있다고 확신했다. 특히 이번에는 둘째니까 어떻게 하면 될지 훤하다고 생각했다. 하지만 세상만사는 뜻대로 되지 않는다. 둘째는 뱃속에서부터 나의 계획을 엉망진창으로 만들었다.

모든 것을 혼자서 다 할 필요는 없다

일단 두 번째 임신은 첫 번째보다 훨씬 처리할 일이 많았다.

"글쎄, 제 말 좀 들어보시라니까요. 출산하는 날까지 출근할 거예요. 아픈 게 아니에요. 임신을 했을 뿐이에요. 골치 아프게 생각하지 마세요. 애 낳고 나면 바로 집에서 재택근무로 일을 시작할 거예요." 이런 말로 나는 상사에게 임신 소식을 전했다. 완전 영업사원 같았다. 영업 사원은 고객의 손해는 숨기고 혜택만 부각시켜 고객을 설득한다. 나도 내 임신이 회사에 미칠 손실을 숨기고 이득만 부각시켜 상사를 설득하려고 했다. "난 할 수 있어."라고 말하며 주먹을 꽉 쥐면서.

그랬다. 하지만 몸은 내 뜻을 따라주지 않았다. 아홉 달 동안 구토가 이어졌다. 사무실 쓰레기통을 붙잡고 토하기를 밥 먹듯 했고, 혈전증과 치골 인대 파열이 뒤를 이었다. 난생처음 내 몸이 계획대로 움직이지 않았다.

다시 한번 말하지만 '내 계획'이었다. 주변에서 나를 압박했다고 말한다면 그건 거짓말일 테니 말이다. 나는 늘 스스로 나를 압박했다. 그러나 이번에는 불가능했다. 약속을 미뤘고 박람회 방문 일정을 취소했으며 집 안에 먼지가 쌓여도 그냥 내버려두었다. 그리고 생애 처음으로 도움을 청했다. 가족에게, 친구들에게 큰아이를 어린이집에서 데려와 달라고 부탁했다. 모두가 흔쾌히 도와줬다. 사람들은 기꺼이 도와준다. 친절하게 부탁하기만 하면. 하지만 나 같은 '난 뭐든 다 할 수 있어' 유형의 인간에게는 그 한마디 부탁을 입 밖에 내기가 얼마나 힘든지 모른다.

그래서 나는 모든 것을 혼자서 다 할 필요는 없다는 그 단순한 진리를 깨닫기 위해 결국 몸져누워야 했던 것이다.

나를 일으켜 세운 한 문장

• 도움을 청하는 것은 절대 약하다는 증거가 아니다.

• 계획은 시간낭비다.

당신의 문장을 적어보세요.

_____

_____

_____

_____

_____

_____

_____

_____

목표 없이 느긋하게 걸어가는 법

　살면서 목표를 정해야 한다는 말을 얼마나 많이 들었는지 모른다. "목표를 정해야 합니다. 목표가 확실해야 앞으로 나갈 수 있습니다. 목표가 있어야 목표에 도달할 수 있습니다!"

　정말 그럴까?

　완전 헛소리다. 거꾸로 생각해보라. 계획이 있는 자만이, 목표를 세우는 자만이 실패할 수 있다. 목표 없이 느긋하게 걸어갈 때는, 한 걸음 한 걸음을 음미하면서 갈 수 있다. 아름다운 풍광을 감상할 때는 넘어져도 크게 개의치 않는다. 넘어지면 일어나 툭툭 털고 다시 걸어가면 된다. 마음이 조급해서 화를 낼 일도, 정해진 시간에 목표를 달성할 수 없을까 봐 아등바등할 일도 없다.

　치골 인대 파열로 소파에 누워서 아무것도 할 수 없게 되자 계획은 엉망진창이 됐다. 동물원도, 손님맞이 음식 준비도, 청소도 불가능했다. 이 세상에 나와 소파만이 존재했다. 계획을 세우지 않았다면, 주말을 그냥 맞이했더라면 계획을 세우느라 시간을 낭비하지도 않았을 것이

　　다들 그렇게 산다는 말은 하나도 위로가 되지 않아

고, 계획이 엉망이 됐다고 짜증을 내지도 않았을 것이다.

계획이 없으면 더 쉽게 목표에 도달할 수 있다. 인생에 목표가 필요하다고 누가 말하는가? 매일 건강하게 일어나 눈을 뜨고 세상을 걸으며 무슨 일이 일어날지 지켜보는 것만으로도 충분히 멋진 인생이지 않을까? 물론 닦지 못한 방바닥이나 취소한 약속이 인생의 목표는 아닐 것이다. 그러나 그런 사소한 일에 목숨을 거는 태도는 완벽하고자 하는 욕심을 상징한다. 모든 것을 손안에 넣고자 하는 욕망, 내 삶을 내 뜻대로 꾸려가려는 욕심 말이다.

당신의 시간도 역시 한정적이다

실제로 그때까지 인생은 내 욕심대로 흘러갔다. 결혼을 하고 3년 만에 서른을 넘기지 않고서 평균 자녀수 두 명을 달성했고 법적으로 정한 출산 휴가만 마치고 바로 일터로 복귀했으며 시 외곽에 집을 장만했고 열심히 적금을 들고 대출을 갚아나갔다. 내가 바라던 삶 그대로였다. 모두가 가는 방향으로 똑같이 걸어가며 너무 많은 것을 바라지 않았고 항상 '소박하고 평화롭게 산다.'는 인생 목표에 충실했다. 여가 시간은 철저하게 계획을 짜서 완벽하게 활용했다. 야외로 나가 바람도 쐬고 친구도 만나고 그들이 사는 방식에 살짝 화를 내면서 내가 더 낫다고 스스로를 위안했다. 가족과 많은 시간을 보내고 아이들은 늦지 않게 재웠다. 얼마나 멋진 삶인가! 나는 인생의 목표를 이뤘다.

뭔가 달라지고 싶다는 마음은 둘째 아이를 낳고서 찾아왔다. 정체는 알 수 없었지만 뭔가 다르게 살고 싶다는 마음이 생겼다. 아마 자신감이 컸기 때문이었을 것이다. 둘째 때는 산후조리원에서 아이에게 젖을 물리는 법을 배울 필요가 없었다. 이미 혼자서도 잘할 수 있었다. 다른 엄마들에게 조언을 구할 필요도 없었다. 우리 아이가 지금 어떤 발달 단계인지, 어떻게 하면 그 단계를 무사히 넘어갈 수 있는지 전전긍긍하며 여기저기 물어볼 이유가 없었다. 나는 여유가 넘쳤다. 첫째 막스는 재울 때마다 안아서 어르고 달랬고 아이가 잠들면 혹시라도 깰까 봐 정말 조심히 뉘였다. 하지만 둘째 콘스탄틴은 형을 챙기느라 그냥 팽개쳐 둘 때가 많았다. 그러다 돌아와 보면 어느 사이 쓰윽 잠이 들어 있었다. 저 혼자서. 와우!

둘째는 내게 백 퍼센트 직감을 믿으라고 가르쳤다. 아무리 엄마라도 몸을 둘로 나눌 수는 없으며 또 그럴 필요도 없다는 것을 가르쳐줬다. 막스는 혹시라도 뒤질세라 열심히 문화센터를 데리고 다녔지만 콘스탄틴은 여름이면 그냥 공원 풀밭에 누워 함께 구름을 쳐다보았다. 노래를 부르지도, 박수를 치지도 않았다. 다른 아기들하고 비교하지도 않았다. 다른 엄마들한테 자랑스럽게 벌써 일을 다시 시작했다고, 시간관리만 잘하면 일하면서 아이를 키워도 아무 문제없다고 떠벌리지도 않았다.

둘째 때는 모든 것을 하려고 발버둥 치지 않았다. 아마 우리가 함께 보내는 시간이 제한적이었기 때문일 것이다. 큰아이를 어린이집에 데려다주고 나면 아기와 엄마에게 남는 시간은 고작 세 시간이었다. 그 후에는 다시 관심이 둘로 나뉘었다. 세 살배기는 아기와는 다른 것을 바랐으니까.

그러니까 시간이 한정적이라는 사실을 알고 나야 우선순위가 바뀌는 것일까? 대열에서 이탈해도 된다는 믿음이 생기는 것일까? 당신에게 비밀을 하나 알려주려고 한다. 당신도 이미 알지만 고개 돌려 외면하는 사실, 즉 당신의 시간도 한정적이란 것이다. 어쨌든 나는 이제 더이상 다른 사람들이 시키는 대로 아이를 키우지 않았다. 그리고 그 태도는 (유감스럽게도) 나의 인생 계획 전반으로 확장됐다.

출산 휴가 뒤 첫 출근한 날 나는 사표를 던졌다. 플랜 B는 없었다. 엄밀히 말하자면 플랜 A도 없었다.

그때부터 내 인생이 완전히 변했다. 나는 계획 없이 목표를 향해 나아갔다. 적어도 그렇다고 생각했다.

서른두 번째 생일에 생긴 일

"뭐, 사표를 내?" 퇴근한 남편이 물었다.

"음. 응, 내가 의논했잖아." 나는 대답을 얼버무렸다.

"아침 6시 22분에 휴대전화로 '혼자 벌어 네 식구가 먹고살 수 있을까?'라고 물어본 게 의논한 거야?" 그가 정중하게 다시 물었다.

"당신이 '응.'이라고 했잖아."

"난 이렇게 말했지. '으응, 그 문제는 조용히 의논해봐야겠는데.'"

"그래서 의논하잖아. 지금."

그러나 막상 사표를 던지고 나니 마음이 몹시 힘들었다. 남편 혼자 벌어서는 아이 둘을 데리고 감당이 안 될 것 같았다. 아이들한테 들어가는 돈도 만만치 않고 대출금도 있었다. 2주의 시간을 두고 많은 고민을 했다. 내가 하고 싶은 것이 무엇인지, 무엇을 해야 진정으로 행복할지. 그러다가 독립을 하기로 마음먹었다. 영업 컨설팅 회사를 차리자고 결심했다. 어쨌든 지난 몇 년 동안 그 분야에서 열심히 일해 성공했으니 잘할 수 있을 것 같았다. 듣는 사람 입장에서는 느긋하고 쉽게 결정한 것 같겠지만 사실 나는 엄청난 두려움에 떨었다. 정말 잘한 짓일까 하루에도 몇 번씩 머리를 쥐어뜯었다.

물론 지금 와서 돌아보면 그 정도 일쯤은 고민도 아니었다. 왜? 그후로 정말 어마어마한 일을 겪었으니까. 그래서 지금의 나는 큰 도전을 할 때마다 이런 질문을 던진다. 최악의 경우 무슨 일이 일어날 것인가? 하지만 그에 대해서는 뒤에서 더 설명하기로 하자. 당시만 해도 나는 아직 이 질문의 의미를 깨닫지 못했으니까 말이다.

어쨌든 나는 비싼 돈을 주고 컨설팅 교육과정에 등록했다. 가족 통장에 돈을 집어넣기는커녕 돈을 빼내서 다른 곳에 투자를 했다.

"재촉하려는 건 절대 아니야. 다만 무슨 계획이 있기는 한 거야?" 어느 날 남편이 물었다.

"아, 뭐, 음. 계획까지는 아니고 아이디어가 있기는 해."

"뭔데?"

"얼마 전에 트레이너가 수업시간에 나한테 이러는 거야. 정말 한마디도 지지 않네요. 따박따박 대꾸를 해요."

"그렇게 말했다고?"

"응, 정확히 그렇게 말했어."

"그래서 아이디어가 뭐야?"

"그 말을 들은 동료가 이러는 거야. '그게 바로 순발력이죠.' 그래서 생각했지. 순발력 세미나를 열면 되겠구나. 여자들만 모아서. 진짜 최고지?"

"뭐 그렇다고 할 수도 있겠지."

"그러니까 말이야. 그래서 아이디어를 살짝 구체화시켰지. 강당을 빌렸어."

남편이 커피를 넘기다가 하마터면 질식사할 뻔했다.

"강당?"

"더 정확하게 말하면 사람들이 많이 들어가는 큰 방이지. 여자들을 모을 거야. 시장성이 있을지, 여자들이 좋아해서 많이 신청할지는 두고 봐야지. 사람이 좀 모이면 강의 콘셉트를 잡을 거야."

"아하." 이것이 다였다. 남편은 더 이상 아무 말도 하지 않았다. 그러다 밤에 자기 전에 남편이 한마디 툭 던졌다. "잘해봐." 그 말을 들으니 조금 안심이 됐다.

그래서 어떻게 됐냐고?

2014년 5월 8일 첫 세미나를 열었고, 그날 나는 일어서기의 황금 규칙을 또 하나 발견했다. 10년 후에 '그때 해볼걸' 하고 후회하는 것보다는 일단 해보고 넘어지는 편이 낫다! 주변 사람들이 내 아이디어에 어떤 반응을 보였을지 당신도 상상할 수 있을 것이다. "우와, 대단하다. 반응이 폭발적일 것 같아!" 이렇게 외친 이는 극소수였다. 그러니 자연히 나도 모두에게 사실을 털어놓을 수 없었다.

물론 내가 비판을 싫어하는 사람이라는 말은 아니다. 하지만 회사의 문을 여는 시기에는 비판을 해줄 사람을 잘 골라야 한다. 누구에게 상담할지 많이 고민해야 한다. 당신이 듣게 될 걱정은 대부분 모든 사람이 품고 사는 두려움이다. 악의가 있어서 하는 말은 아니지만 그럼에도 그런 걱정을 들으면 마음이 불안해진다.

어쩌면 당신은 이렇게 말할지도 모르겠다. "운도 많이 따랐겠죠. 운이 좋으셨던 거예요." 맞다. 그 말도 맞다. 나는 운이 좋았다. 하지만 문제는 닭이 먼저냐 알이 먼저냐이다. 웃으며 도전한 용기가 먼저였을까? 아니면 황금으로 보상해준 운이 먼저였을까?

내 영혼의 배신자

여기서 이야기가 끝났다면 한없이 좋을 것이다. 회사를 차린 게 내 인생 최대의 도전이었다고 말할 수 있다면, 지금부터 내가 당신에게 들려줄 모든 이야기는 다른 이에게 일어난 일이고 나는 그저 전달하는 사람이라고 말할 수 있다면, 나는 양시에서만 살았다고 말할 수 있다면 말이다. 하지만 그랬다면 나는 이 책을 쓰지 못했을 것이다. 그렇지 않은가?

회사를 차리고 처음에는 모든 일이 계획대로 척척 풀렸다. 당시만 해도 나는 아직 계획을 세웠다. 당시만 해도 어디로 가는지 알아야 한다고 생각했다. 당시만 해도 내게 일어난 최악의 일은 2년 전 피부과 의사의 전화였다고 생각했다. "슈타우딩거 씨, 조직검사를 한 반점이 흑색종이었습니다. 하지만 조기 발견이었고 제거했으니까 안심하셔도 됩니다."

내 귀에는 첫 문장밖에 들리지 않았다. "흑색종이었습니다!" 세상이 무너졌다. 내가 암에 걸렸다니. 더구나 매일 보면서도 암인지 몰랐다. 그 반점은 오른쪽 아래팔에 있었다. 매일 샤워를 할 때마다 거울로

봤다. 하지만 벌써 여러 번 반점을 제거했기 때문에 그것도 그런 평범한 반점이라고 생각했다. 흑색종은 모양만 봐도 딱 알 수 있다고 생각했다.

내가 매일 보던 그 반점은 모기한테 물린 자리 같았다. 절대로 악성종양처럼 생기지 않았다. 그랬는데 몇 달 후에 주치의한테 갔다가 뜻밖의 말을 들었다. "아, 저런. 당장 떼서 조직검사를 합시다." 결과는 2주 후에야 나온다고 했다. 전에 의사에게 한 번도 그런 말을 들어본 적이 없는 사람이라면 그 2주의 기다림도 별 다를 것 없는 일상일 것이다. 딴 곳에 관심을 쏟아 걱정을 잊을 수 있고 내게는 나쁜 일이 일어나지 않을 것이라는 원초적 믿음에 손을 들어줄 수도 있다.

하지만 악성 종양이라는 진단을 한번 받고 나면 세상은 순식간에 돌변한다. 우리 부모님이 사고 후 몇 년이 지났어도 사이렌 소리만 들으면 가슴이 철렁 내려앉았듯이.

그 당시 내가 어떤 상태였을지 한번 상상해보라. 아무 대책도 없이 직장에 사표를 냈다. 아이들과 더 많은 시간을 보내기 위해서였다. 그리고 컨설팅 교육에 돈을 투자했다. 우연히 아이디어가 떠올랐고 강연 콘셉트를 찾아냈다. 상당히 황당한 콘셉트였다. 그런데 그것이 먹혔다. 그 이후의 시간은 온갖 계획으로 넘쳐났다. 일정을 짜고 회사를 알리기 위해 홍보에 나섰다. 모든 일이 척척 진행됐다. 호응이 상당해서 투자하기를 잘했다고 생각했다. 솔직히 말하면 로또에 당첨된 기분이었다. 당첨된 거나 마찬가지라고 생각했다. 순식간에 여러 도시에서 세미나 요청이 들어왔고 강연 티켓이 날개 돋친 듯 팔려나갔다. 일을 하면서도 아이들과 넉넉한 시간을 보낼 수 있었다. 이대로 쭉 성공가도를 달릴 수 있다면 세상에 부러울 사람이 없을 것 같았다.

그해 6월 15일 서른두 번째 내 생일은 그보다 더 좋을 수 없었다. 그러나 그날 나는 건강한 인간으로 살았던 내 평생이 얼마나 허약한 건물이었는지도 깨달았다. 오른쪽 가슴에서 2.8센티미터 크기의 악성종양이 만져졌기 때문이다. 물론 그 시점에는 아직 그것이 악성종양인지 몰랐다. 하지만 불과 하루 만에 나는 진료실에 누웠고 너무나도 상냥한 의사는 유방 촬영 결과는 물론이고 초음파를 보아도 의심의 여지가 없다고 말했다.

"유방암입니다."

그전에도, 그 후에도 나는 그보다 더 깊은 나락으로 떨어진 적이 없다. 전혀 새로운 다른 세상으로의 추락이었다. 물도 없는 곳에서 익사당한 기분이었다. 가슴을 칼로 찔러도 그보다 더 아플 것 같지 않았다. 진단 그 자체는 단순한 전달이었으니 그것이 아픔을 주지는 않았다. 고통의 원인은 몸이 아니었다. 둘로 갈라진 영혼이었다. 그 순간 나는 배웠다. 건강한 영혼은 육신을 낫게 할 수 있지만 아픈 영혼은 건강한 육신을 병들게 한다는 것을.

진단을 듣는 순간 나는 처음으로 '영혼의 배신자'를 알게 됐다. 녀석의 이름은 공포였다.

공포는 우리를 살리는 방어기제다. 아무 대비 없이 사자를 맞닥뜨린 당신을 살리는 것은 공포―공포로 인한 아드레날린의 분비―다. 겁에 질린 당신이 냅다 내뺄 테니까. 만일 당신이 사자를 보고도 공포를 느끼지 못한다면 "이리 온, 이리 와. 쯧쯧." 하면서 사자에게 다가갈 수도 있다. 누가 봐도 좋은 생각은 아니다.

하지만 내 경우 상대는 사자가 아니라 종양이었다. 나의 공포는 나 때문이 아니라 아이들 때문이었다. 제일 먼저 든 생각이 아이들이었다. '우리 애들 어떻게 하지? 죽으면 안 돼. 애들이 너무 어려.'

맹세할 수 있다. 당시 누군가 내게 마취도 없이 두 다리를 잘라 암을 낫게 해주겠다고 제안했다면 난 당장 그러겠다고 했을 것이다. 하지만 파우스트와 계약한 악마라도 암을 두고는 계약을 제안하지 못할 것이다.

아이들에게 투자할 시간과 순발력 세미나와 자아실현과 돈벌이가 하루아침에 무너졌다. 그 자리에 새로운 프로그램이 등장했다. 항암 화약요법과 양쪽 유방 절제(유선조직 제거), 방사선 치료와 난소 제거, 10년에 걸친 호르몬 치료였다.

아이들과 많은 시간을 보내겠다는 계획과 약속한 일정들은 전부 없던 일이 되고 말았다. 고민하고 말고 할 시간이 없었다. 고도로 공격적인 암이었다. 진단을 받고 불과 2주 만에 나는 연단에 서지 못했고 아이들을 데리고 공원을 걷지도 못했다. 나는 병원에 들어가서 6회로 예정된 항암제 치료의 1차분을 맞았다.

나쁜 일은 언제 어디서나 일어난다

"예전으로 돌아가고 싶어."(1단계: 낙담)

뒤돌아보면 그 시절은 반복되는 추락과 재기의 시간이었다고 부를 수 있을 것이다. 진단을 받고 나는 깊고 검은 구렁으로 굴러떨어졌다. 바닥을 모르고 계속 아래로, 아래로 떨어져 내렸다. 아무리 손을 휘저어도 붙들 것이 없었고 죽음의 공포에 몸을 떨었다.

그렇게 추락하면서도 계속 고개를 저었다. 아냐, 거짓말이야. 믿을 수가 없었다. 있을 수 없는 일이었다. 내가 아니었다. 지금이 아니었다. 이렇게 젊은 나이에는 절대 일어날 수 없는 일이었다. 그것이 첫 단계였다. 깊은 절망과 낙담의 시간이었다.

나는 심리학자가 아니다. 따라서 그런 심정을 표현하는 전문적인 용어가 있는지도 모르겠고, 더 바람직한 대처법이 있는지도 모르겠다. 전문가의 입장에서 보면 마음을 진정하고 당장 치료를 시작하는 편이 더 나았을 수도 있을 것이다. 잘 모르겠다. 어쨌든 나는 지금 지극히 개인적인 내 감정 상태를 이야기하고 있다. 당시 내 기분은 그랬다.

기분으로 따지자면 이 낙담의 단계가 최악이었다. 절망에다 무지까지 겹쳤기 때문에 한 치 앞이 보이지 않았다. 깊은 구렁으로 떨어지는 동안 내내 빛 한 줄기 비치지 않았다. 나를 받쳐줄 그물망 하나 보이지 않았다.

머리가 완전히 돌아버렸다. 스티븐 스필버그나 쿠엔틴 타란티노가 내 인생 영화의 메가폰을 잡은 것 같았다. 엄마 없는 아이들, 혼자가 된 남편, 흐느끼는 부모님만 눈앞에 아른거렸다. 머리로는 그동안 보고 들은 유방암 극복 사례들을 떠올리려고 안간힘을 썼지만 그 깜깜한 구렁에서 희미한 희망의 빛이 살아남을 수는 없었다.

정보가 없었기에 더 절망적이었다. 내가 아는 것은 딱 하나, 유방암이라는 것뿐이었다. 얼마나 나쁜 상태인지, 다른 곳으로 전이되지는 않았는지, 어떻게 하면 좋을지, 앞으로 어떻게 될지, 살 수는 있을지, 나는 아무것도 몰랐다. 그저 발버둥 치며 운명에 저항했다. 싫어! 싫단 말이야! 떼쓰는 아이처럼 예전으로 돌아가고 싶다고 버둥거렸다.

지금 와서 돌아보면 아직 받아들일 준비가 돼 있지 않았던 것 같다. 모래에 머리를 박으면 아무도 자기를 못 본다고 믿는 타조처럼 눈을 감고 현실을 외면하고 싶었다. 내가 암을 안 보면 암도 나를 못 볼 것이라고 믿고 싶었던 것이다.

⟩　나를 일으켜 세운 한 문장

・안타깝지만 아무것도 찾지 못했다.

⟩　・다만 끝없는 추락은 나쁘지만 그것조차 지나가는 하나의 과정이라는

⟩　　걸 배웠다.

"추락도 이제 그만. 더 내려가지는 마요."(2단계: 희망)

검은 구렁으로 끝없이 추락하는 내게 어느 날 구원자가 나타났다. 강한 사람. 근육질은 아니었지만 지식과 따뜻한 말로 무장한 사람. 그가 그물을 펼쳤고 나는 그 그물망에 부드럽게 안착했다.

'추락은 이제 그만. 여기까지만. 더 내려가지는 마요. 여기 그물망에서 편히 쉴 수 있어요. 여기서 숨을 골라요. 그리고 다시 올라가는 거예요. 여기서부터 다시. 내 손을 잡아요. 우리 함께 올라갑시다.'

나의 구원자는 따뜻하게 나를 위로한 담당 의사였다. 그는 말했다. "그래요. 상태가 나쁩니다. 그러니까 절망해도 좋아요. 하지만 저는 이런 경우를 많이 봤습니다. 꼭 회복하실 겁니다."

지금 이 순간도 나는 그에게 무한히 감사한다. 그의 말은 내 영혼을 따스하게 어루만졌다. 그의 말은 나를 받쳐준 그물망이었고 빛이었으며 사다리였고 처음으로 고개 들어 위를 바라보게 해준 등불이었다.

그 몇 마디 말이 내게 믿을 수 없을 만큼 많은 것을 가르쳤다. 그 후

로 나는 아이들을 위로할 일이 생기면 그런 식으로 말했다. 이해심을 보이지만 상황을 미화하지는 않으며 그저 손을 내밀어 상대가 일어설 수 있도록 도와준다! 당시 내 상황에서 그의 몇 마디 말은 생명을 구하는 의식과도 같았다.

의도적으로 '도와준다'라는 표현을 쓴 이유는 위로를 하는 사람이 할 수 있는 일의 범위가 제한적이기 때문이다. 결국 첫걸음을 내디뎌야 하는 사람은 추락한 사람이다.

나를 일으켜 세운 한 문장

- 맨 밑바닥까지 떨어져야 튕겨 올라올 수 있다.
- 백 퍼센트 신뢰할 수 있는 전문가를 찾아야 한다. 운이 좋으면 금방 찾을 수 있겠지만 설사 그렇지 못하더라도 지레 포기하지 말고 꾸준히 찾아야 한다. 지평선에 빛이 떠오른다면 아직 희망은 있는 것이고, 희망이 있다면 다시 일어설 수 있다.
- 위로를 해야 하는 입장이 되면 내가 받았던 그대로 돌려준다. 이해한다고 고개를 끄덕여주고 아무것도 미화하지 않으며 그저 손을 내밀어 상대가 다시 일어설 수 있게 도와준다.

다들 그렇게 산다는 말은 하나도 위로가 되지 않아

"왜 하필이면 나일까?" (3단계: 인정)

세 번째 단계에서는 이 모든 사실을 받아들이기 시작했다. '뭐 어쩌겠어. 다른 수가 있어야 말이지.' 이 세상에는 내가 어쩔 수 없는 일이 존재한다. 누구도 내게 지금과 같은 운명으로 살고 싶으냐고 물은 적이 없었다. 우리 부모님도 자기 손으로 자식을 묻고 싶으냐는 질문을 받은 적이 없었다. 그런 일들은 그냥 일어난다. 죄를 지었던 그렇지 않건 그냥 일어난다. '내가 뭘 잘못했을까?', '무슨 죄를 지었기에 이런 벌을 받는 것일까?', '왜 하필이면 나일까?'와 같은 질문을 나 역시 수천 번도 더 해봤다.

대답은 없다. 그냥 살다 보면 그런 일을 당한다. 암도 그중 하나일 뿐이다. 왜 이 세상에 전쟁이 있느냐는 질문에 나는 해답을 제시하지 못한다. 우리는 음식이 남아돌아 마구 버리는데 지구 반대편에서는 굶어 죽는 사람이 있는 이유는 무엇일까? 왜 자연재앙으로 수많은 사람들이 갑자기 죽어야 하는 것일까? 왜 소아암센터가 존재하는가? 왜 나는 살았는데 내 친구는 병을 이기지 못하고 세상을 떠났을까? 왜 언니는 1분 늦게 집에서 출발하지 않았을까? 신이 있다면 왜 이 모든 것을 허락하시는가?

나는 이런 질문들에 대답할 수도 해결책을 줄 수도 없다. 그저 내가 이 모든 것을 엿 같다고 생각한다는 것만 안다. 그리고 그런 내 기분을 바꿀 수는 있지만 유감스럽게도 사실 그 자체는 바꿀 수 없다는 것을 안다. 나쁜 일은 언제 어디서나 일어난다. 그중 99퍼센트에는 눈을 감아야 한다. 그렇지 않으면 집 밖으로 한 걸음도 나가지 못할 것이다. 매일 생명의 위험을 감수해야 한다면 그 하루는 시작도 하기 전부터 엉망이 될 것이다.

교통사고가 날마다 일어나는데 어떻게 차를 몰고 나가겠는가? 차는 너무너무 위험하다. 그렇다고 집에 가만히 있어도 안 된다. 다 알다시피 최악의 사고는 집에서 일어난다. 콘서트에도 못 갈 것이다. 언제 폭탄이 터질지 모르고 누군가가 칼을 휘두를지 모른다. 산책도 못할 것이다. 언제 자전거가 달려와 당신을 치고 달아날지 모른다. 이 모든 일이 일어날 수 있다. 이보다 더 많은 일도 일어날 수 있다.

이 중 그 무엇도 우리 손아귀에 있지 않다. 우리는 자신의 운명을 손아귀에 쥘 수 없다. 안전띠를 매고 헬멧을 쓰고 술을 적당히 먹고 금연을 할 수는 있다. 채식을 하고 열심히 운동을 하고 번지점프를 안 할 수도 있다. 잠을 푹 자고 깨끗한 물을 마시며 산과 알칼리의 균형이 잘 잡힌 식생활을 할 수도 있다. 이 모든 것은 우리 손안에 있다. 그렇다 해도 당신은 죽는다. 운이 좋으면 늙어서, 운이 나쁘면 버스에서 굴러떨어져서. 그리고 버스는 당신이 그 전에 딸기를 먹었건 피가 삐져나오는 스테이크를 먹었건 전혀 관심이 없다.

그런 일들은 우리 손안에 있지 않다. 바람의 세기를 바꿀 수는 없다. 하지만 돛을 올릴 수는 있다. 삶의 강도를 조절할 수는 있다. 언젠가 버스가 당신을 저승길로 보낸다면 당신은 그 사실을 받아들일 수도 이해할 수도 해석할 수도 없겠지만 저 위에서 내려다보면서 가슴을 쭉 펴고 이렇게 말할 수는 있을 것이다. "이런. 안타깝군, 그래도 마지막까지 잘 살았어!"(딸기가 좋은지 스테이크가 좋은지는 당신이 정할 일이다.)

이 모든 일을 받아들여라. 그리고 말하라.

"두고 보자. 쓸데가 있을지 누가 알겠어?" 어딘가에는 쓸데가 있을 것이다. 진단을 받고 일주일이 채 지나지 않은 어느 날 아침 나는 눈을 뜨며 생각했다. 이것은 악몽이 아니다. 저 구석에서 누가 고개를 내밀며 "속았지?" 하고 웃을 날은 오지 않는다.

나를 일으켜 세운 한 문장

- 바꿀 수 없으면 받아들여야 한다. 어쩔 수 없다.
- 과거는 돌아오지 않는다. 암은 신경질쟁이 광대처럼 막무가내로 밀고 들어왔다. 지금 그 광대가 거기 서서 소동을 부리며 자기를 좀 봐달라고 아우성이다. 녀석이 과거의 삶을 쫓아버렸다. 내게 남은 선택은 녀석의 광대 짓을 봐주거나 한심하다고 생각하며 외면하는 것뿐이다.
- 주변을 돌아보라. 세상은 끔찍하다. 왜 우리만 무사태평해야 한단 말인가? 싸울 기회만 있어도 고맙다고 생각할 사람들이 수두룩하다. 적어도 내겐 그런 기회는 있다.
- 감사할 줄 알아야 한다.

위의 문장들 중에서 특히 감사에 대한 것은 별도로 다뤄보고 싶다. 어쩌면 당신은 지금 이런 생각을 할지도 모르겠다. '뭐? 감사? 암에 걸려서 고맙다는 거야?' 그게 아니다. 암에게 감사하다는 말이 아니다. 암에 걸리면서 겪게 된 그 모든 일에 감사한다는 말이다. 나는 실로 엄청나게 많은 일을 겪었고 그 모든 일들은 내 겸손한 감사 인사를 받을 가치가 있는 것들이다.

내가 감사했던, 그리고 감사하는 일들

- 암을 발견했다.
- 유튜브 스타가 되자고 마음먹지 않고 의학을 공부하자고 결심해준 똑똑한 사람들이 있다.
- 적은 월급을 받고 환자를 돌보는 사람들이 있다.
- 질병을 연구한 사람들이 있다.
- 21세기에 태어났다.
- 하루 종일 시험관을 들여다보며 약품을 개발해 나를 낫게 해준 사람들이 있다.
- 두 아이가 있다.
- 암이 우리 아이들이 아니라 나를 찾아왔다.
- 나를 무조건 사랑해주는 가족이 있다.
- 병원에 가는 길에 테러를 당하지 않았다.
- 암보험을 들어뒀다.
- 소염진통제가 있다.

목록은 무한히 이어질 수 있다. 감사할 일은 끝이 없다. 그에 비해 내가 감사하지 않는 일은 단 한 가지뿐이다. 암이라는 고약한 녀석! 지금의 나는 그 녀석한테마저도 고마워할 수 있다. 암으로 인해 겪은 그 많은 경험이 무척이나 고마운 것들이었으니 말이다.

당신은 어떤 일에 감사하는가?

"하고 싶은 대로 하세요."(4단계: 대응)

3단계는 4단계를 낳았다. 운명을 받아들이면 행동할 수 있게 되고 자기결정권을 되찾게 된다. 대책 없이 아래로 추락하기만 하던 시간은 이제 끝났다. 1단계에서는 정말로 어찌할 바를 모르고 너부러져 있었다면 2단계로 넘어가면서 천천히 무릎으로 기기 시작했다. 3단계가 되자 아직 어깨는 축 처져 있지만 어쨌든 일어섰다. 4단계가 되자 팔을 걷어붙이고 싸움터로 나섰다.

그 단계에 접어들자 나는 확신을 가졌다. 난 해낼 것이다. 그리고 이를 위해 내가 할 수 있는 것들이 무엇인지 열심히 살폈다. 의사와 상담을 했고 그에게 단도직입적으로 물었다. "내가 무엇을 할 수 있나요? 무엇이 내 손안에 있나요?"

내가 좋아하던 의사들 중 한 사람은 이렇게 말했다. "하고 싶은 대로 하세요." 당신이 믿건 안 믿건 그날 이후 나는 정말로 그 일이 무엇인지 깨달았다. 나는 무엇을 하고 싶은가? 앞에서도 말했듯 나는 회사에 사표를 던졌다. 그래서 이미 삶의 우선순위는 바로잡아 놓았다. 그때부터는 하루를 이런 질문으로 시작했다. 오늘이 마지막 날이라면 나는 무엇을 할 것인가?

청소기를 돌리고 창문을 닦는 일은 당연히 뒤로 밀려났다. 세금 신고 같은 것도 저 멀리 밀려나갔다. 대신 새롭게 위시 리스트에 오른 것들이 많았다. 음악을 최고 볼륨으로 올리고 아이들과 춤을 춘다. 한심한 사람들에게 한심하지 않은 척하지 않는다. 정말로 재미있는 일, (장기적으로) 유익한 일만 한다.

이 지점에서 단기와 장기의 구분은 매우 중요하다. 단기적으로는 감자튀김과 와인 두 병이 더 좋을 것이다. 하지만 장기적으로 보면 그렇지 않다. 언제나 그렇듯 균형을 잡아 줄을 잘 타야 한다. 좋은 것만 하겠다고 해서 인생을 하루살이처럼 살 수는 없다. 하루 벌어 하루 사는 것에 만족해서는 안 된다. 특히 아이들이 있을 때는 절대 그러면 안 된다. 당연히 미래도 생각해야 한다. 생명보험에 가입하고 연금도 들어야 한다. 나도 암보험에 들지 않았다면 경제적 부담이 훨씬 컸을 것이다.

어쨌든 이렇게 나는 팔을 걷어붙이고 행동에 나섰다. 항암 치료를 받는 동안에도 매일 5킬로미터씩 걸었다. 때로는 친구와 함께 수다를 떨었고 때로는 혼자 걸었다. 때로는 눈물범벅이 되는 날도 있었고 때로는 숲에서 크게 고함을 지르기도 했다. 그냥 마음이 내키는 대로 했다.

글쓰기를 시작한 때도 그 시기였다. 내 인생의 전환점이라 부를 수 있을 정도로 글쓰기는 유익하게 작용했고, 그 고통스러운 시간에 나름의 의미를 부여해줬다. 병은 의미가 없다. 암이 어떤 것을 상징하지는 않는다. 적어도 나는 그렇게 생각한다. 대체의학에서 권하는 여러 방법을 듣고 읽고 직접 해보기도 했지만 나한테 별 도움이 되지 않았다. 다른 사람에게는 도움이 될지도 모른다. 각자 자기 방식이 있는 법이니까.

반면 글쓰기는 큰 도움이 됐다. 마음을 치료하는 약이었다. 글쓰기는 식욕과 수면욕 같았다. 어느 날 문득 나는 그 욕망에 굴복해 글을 쓰기 시작했다.

"당신 노트북 좀 빌려줘." 2차 항암을 마친 직후 남편에게 말했다.

"당신이 노트북으로 뭐하게? 당신 방금 전에 토했어." 남편은 당황한 표정으로 나를 쳐다보았다.

"알아. 그래도 글을 써야 해."

마음이 시키는 대로 하라. 어딘가에는 좋을 것이다. 나는 이틀 동안 내리 컴퓨터에 붙어 앉아 진단을 받은 이후 5주 동안 있었던 일들을 써내려갔다.

"엄마, 한번 읽어보시겠어요? 파트릭은 괜찮다면서 출판사에 보내보면 어떠냐고 하던데." 나는 몇 쪽을 엄마에게 건넸다.

엄마는 순식간에 읽어 내려갔다. 표정이 억누를 수 없는 슬픔과 환한 웃음 사이를 오갔다. 그것으로 충분한 대답이 됐다. 나는 관심을 보일 만한 출판사를 찾아 나섰고, 그때까지 완성한 20쪽 원고 중에서 10쪽을 뽑아 투고를 받는다는 다섯 군데 출판사에 보냈다.

얼마 지나지 않아 답장이 왔다. 나는 마음에 드는 한 곳을 골라 2015년 9월에 첫 책을 냈다. 놀랍게도 그 책은 베스트셀러 순위에 올랐다. 덕분에 나는 지금까지도 글을 쓰고 있다.

나를 일으켜 세운 한 문장

- 기적은 실제로 일어난다. 심지어 내 손으로 불러낼 수도 있다.
- 하늘이 무너져도 솟아날 구멍이 있다.
- "뭔가 쓸데가 있겠지." 나의 글쓰기가 그랬다.

- 지도에 없는 새 길을 개척해야 할 때 나는 이유를 묻지 않는다. 그냥 주변을 돌아본다. 느긋하고 낙천적인 곰돌이 푸처럼 그 길에서 행운이 우리를 기다리고 있을 것이라 굳게 믿으며.

- 바람의 방향을 바꿀 수는 없다. 그래두 우리는 돛을 올릴 수 있다.

당신의 문장을 적어보세요.

_____

_____

_____

_____

_____

_____

_____

_____

_____

_____

"오늘은 죽지 말아요, 우리."

"올해 막스 생일은 그냥 조용히 보내는 게 좋겠어." 유방암 진단을 받고 7일 후 남편이 말했다. 우리 첫째는 생일이 6월 25일이다. 남편은 사정이 이러니 조용히 넘어갔으면 했다.

"절대 안 돼. 유치원 아이들 전부 다 초대할 거야." 나는 단호하게 대답했다. 물론 당시 내 심정이 말처럼 단호하고 에너지가 넘쳤던 것은 아니다. 사실 나는 깊은 슬픔에 빠져 있었다. 올해 생일이 내가 아들 곁에서 보내는 마지막 생일이 될지도 모른다고 생각했다. 지금의 나는 모든 생일이 마지막 생일일 수 있다는 것을 안다. 암에 걸렸건 걸리지 않았건.

아들에게는 엄마의 가슴을 찾아온 반갑지 않은 손님에 대해 쉽게 이해할 수 있도록 알려줬고 아이도 뭔가 이상하다는 것을 눈치챘기 때문에 나는 아이가 정말로 신나는 하루를 보냈으면 하고 바랐다. 그래서 애들이 마음껏 뛰어놀 수 있도록 바운싱 캐슬(공기를 불어넣은 고무풍선으로 집을 만들어놓고 아이들이 들어가서 뛰고 뒹굴고 노는 기구-옮긴이)을 빌

다들 그렇게 산다는 말은 하나도 위로가 되지 않아

렸다. 남편은 집으로 배달 온 그 대형 고무풍선을 보고는 아연실색해 이걸 어디다 설치할 것이냐고 물었다. "당연히 우리 집 정원에 놓아야지." 나는 놀이기구 설치 전문가라도 된 양 자신 있게 말했다. 그 거대한 고무 풍선 때문에 앉을 자리도 설 자리도 없었지만 말이다.

개인적으로는 그 주가 최악의 시간이었다. 전이 여부를 조사하고 암이 몇 기인지 진단하기 위해 온갖 검사를 하는 때였기 때문이다. 막스의 생일 이틀 전에 엑스레이 흉부 촬영을 했고 내장 검사를 마쳤다. 간단하게 들리는가? 나한테는 지옥이었다. 전이가 진행됐다는 것을 확인하는 순간 의사는 항암 치료를 접고 증상 완화 치료로 넘어갈 것이다. 그긴 곧 완치가 불가능하다는 의미였다. 하루하루가 힘에 부쳤고 기분도 롤러코스터를 탔다. 제일 힘든 마지막 검사인 뼈 스캔 직전에는 하루의 휴식 시간이 있었다. 그날이 바로 막스의 생일이었다. 전날 밤 나는 남편에게 내가 찾은 나를 일으켜 세운 한 문장을 들려줬다.

"앞으로 무슨 일이 일어나건, 내가 낫건 낫지 않건 일단 내일은 우리 막스의 생일을 한껏 축하해주자고. 어쨌든 내일은 죽지 말자고." 내일 무슨 일이 일어날지는 아무도 모른다. 당신도 모르고 나도 모른다. 아무도 모른다. 어쩌면 당신은 이렇게 말할지도 모르겠다. "이봐요. 너무 속단하지 마요. 암이 완치됐다고는 하지만 아직 얼마 안 됐잖아요. 안심할 단계는 아니라고요."

대체 누가 안심할 수 있을까? 우리 인생에서 푹 안심할 수 있는 시간은 얼마나 될까? 유방암은 완치되고도 5년 후에 재발할 확률이 높으니 걱정에 벌벌 떨며 살아야 할까? 또 무슨 일이 일어날까 목을 빼고 기다려야만 할까? 그렇게 살고 싶지 않다. 그렇게 걱정하고 기다리는 동안 정말로 소중한 것을 놓칠 테니까. 나의 인생, 나의 삶을 놓치고 말 테니 말이다.

내가 검사를 받던 그 시기에 네덜란드 여객기가 우크라이나 상공에서 사고를 당해 탑승객 전원이 사망했다. 아마 그 탑승객들은 비행기를 타기 전 모두 건강했을 것이다. 유방암에 걸린 여성이 한 명도 없었을 것이다. 얼마 전에는 쓰레기차가 도로에서 넘어져 다섯 명이 사망했다. 그 다섯 명 중 그렇게 비극적으로 생을 마감할 것이라고 예상한 사람이 있었을까? 하긴 앞으로 일어날 일은 모르는 편이 더 낫다. 어느 날 쓰레기차에 짓눌려 삶을 마감할 것을 알았다면 그 순간부터 이미 인생은 끝난 거나 다름없을 테니까.

막스의 생일은 미래가 아니라 현재였다. 지금, 이곳이었다. 그리고 그날은 내 인생에서 가장 멋진 날 중 하나였다. 눈물을 흘리지 않고는 배길 수 없었지만 너무나 행복했고 활기가 넘쳤기에 그 모든 근심을 다 잊을 수 있었다. 물론 아이들이 모두 집으로 돌아가고 막스도 잠이 들자 나는 다시 1단계로 굴러떨어졌다. 그리고 다음 날 진단 결과가 좋게 나올 때까지 그 상태에 빠져 있었다.

그날이 다른 모습이었다면 어땠을까? 내가 막스의 생일을 조용히 넘겨버렸다면 어땠을까? 나는 '지금 여기'에 집중하지 못했을 것이다. 어차피 기분은 검사결과에 아무 영향을 미치지 못한다. 어차피 일어날 일은 일어난다. 하지만 내 생각은 내 마음대로 할 수 있다. 그럴 수 없었다면 암은 내가 가진 모든 것을 망가뜨리고 말았을 것이다. 나는 생일

전날과 생일 당일은 물론이고 그 다음 날의 희망까지 도둑맞고 말았을 것이다. 그랬다면 일어서지 못했을 것이다. 결과를 듣기도 전에 이미 지고 말았을 것이다.

> 나를 일으켜 세운 한 문장
>
> • 오늘은 죽지 않았다. 내일 더 지켜보자.

"모든 것이 처음부터 다시 시작된다."(5단계: 반복)

정말 동화같이 아름답지 않은가? 넘어졌다 일어서고 그 경험으로 책을 써서 돈까지 벌었다. 암과 싸워 승리를 거두고 다시 건강해졌으며 예전처럼 만사가 술술 풀린다.

피부보전 유방절제술을 받고 암세포가 사라졌다는 결과를 들은 후 나는 페이스북에 이렇게 적었다. "이제 암을 두 번 다시 이야기하지 않을 것이다. 나는 건강을 되찾았다."

지금 나는 그 글을 보며 배꼽을 잡고 웃는다. 하지만 당시에는 정말로 그렇게 생각했다. 치료가 다 끝났다고. 다 지나갔다고. 감기처럼 완치되고 건강해졌다고. 이제 다시 일상으로 돌아갈 것이라고. 치료를 받으면서도 내가 앞에서 설명한 각 단계들이 언제라도 다시 반복될 수 있다는 사실을 까맣게 몰랐다. 그래서 주치의 앞에서 당당하게 말했다.

"다들 저더러 회복될 것이라고 해요. 이제부터 소매를 걷어붙이고 항암을 시작할 거예요. 1년 후에는 옛이야기 하면서 웃을 수 있겠죠." 나는 환하게 웃으며 그를 바라보았다.

"그런 식으로 생각하시니까 참 좋습니다. 하지만 그렇지 않은 날도 있을 거예요. 각오하셔야 합니다."

"어째서요? 절대 그렇지 않아요. 받아들였다니까요. 다 인정하고 이제부터는 치료에 전념할 겁니다."

"네, 오늘은 그렇죠. 그래도 내일은 또 세상이 다르게 보일지도 몰라요."

그가 뭘 원하는지 알 수 없었다. 환자를 격려해도 시원치 않을 의사가 왜 저렇게 환자의 기를 꺾으려는 걸까? 난 다시 일어섰다. 두 번 다시 무너지지 않을 것이다.

그러나 의사의 말은 옳았다. 나는 일어서기와 넘어지기를 반복했고 요즘도 가끔씩 무너지는 시기가 찾아온다. 그러니까 나는 1단계에서 4단계가 시도 때도 없이 반복된다는 사실을 5단계에서 배웠다. 한 번 일어섰다고 해서 또 넘어지지 않는 것은 아니다. 어느 날은 다 잘될 것이라고 확신하다가도 그다음 날이면 세상이 암흑이었다. 이제 어둠은 없을 거라고 생각한 다음 날이면 어김없이 어둠이 밀려왔다. 그러면 나는 그 어둠에 무기력하게 빠져들었다.

어느 하루가 아직도 기억이 난다. 3차 항암을 마친 후였다. 몸 상태는 그럭저럭 괜찮았는데 통 기력을 차릴 수 없었다. 아니 그러고 싶지 않았다. 남편은 너부러진 나를 보다 못해 우리 엄마에게 도움을 청했다. 한여름이었는데 나는 커튼으로 가린 어두침침한 방에 누워 내 운명을 한탄했다. 아이들을 봐도 기분이 나아지지 않았다.

열린 창으로 이웃집 사람들이 차를 몰고 휴가를 떠나는 소리가 들렸다. 아이들이 밖에서 놀고 있었다. 이 평범한 일상의 소음이 더없이 듣기 괴로웠다. 어린 딸이 병원 냉동고에 들어 있는데 사람들이 아무렇지 않게 일상을 살고 있는 현실을 이해할 수 없었던 우리 아버지처럼 나도 다른 사람들의 '평범한' 삶을 듣고 있기가 힘들었다.

한달음에 달려온 엄마에게 남편이 부탁했다. "저는 감당이 안 됩니다. 어떻게 좀 해주세요."

엄마가 방으로 들어와 말없이 침대 머리맡에 앉아 내 머리를 쓰다듬었다. 물이 찰랑이던 양동이에 한 방울의 물이 똑 떨어졌다. 물이 넘쳤고 울음이 터졌다.

"실컷 울어." 엄마가 속삭였다.

"엄마. 암이에요. 엄마 딸이 암에 걸렸어요."

"안다. 하지만 괜찮을 거야."

"싫어. 다들 휴가 가는데 나만 여기 누워 있어. 싫다고요."

엄마는 생살이 뜯겨져 나가는 기분이었을 것이다. 하지만 내색하지 않았다. 내 앞에서는 항상 강한 모습만 보였다. 엄마이기에 가능한 용기였다. 아마 나중에 내가 보지 않는 곳에서 혼자 많이 울었을 것이다. 그래도 내 앞에서는 강했다. 여기 서른두 살의 다 큰 딸이 누워 있다. 며칠 전만 해도 다 잘될 것이라고 확신하던 그 딸이 아기처럼 엄마 품에 안겨 엉엉 운다. 분명 과학으로는 입증할 수 없을 것이다.《행복은 혼자 오지 않는다》를 쓴 웃기는 의사 에카르트 폰 히르슈하우젠도 의학적으로는 설명할 수 없다고 여러 번 고백한 바 있다. 왜 엄마가 호 하고 입김을 불어주면 아픈 상처가 금방 아무는지.

엄마는 또 하나의 그물망이었다. 그때도 그렇고 지금도 그렇다. 처음 구렁으로 한없이 떨어질 때는 의사가 그물망을 던져줬다. 이제는 그 역할을 엄마가 맡았다. 그러니까 그물망은 하나가 아니다. 엄마는 의사가 아니기에 의학 지식으로 그물을 짤 수는 없었지만 엄마의 배낭에는 다른 것이 들어 있었다. 따스한 온기, 다 잘될 것이라는 기분을 전해주는 사랑 같은 것 말이다.

"그래, 안다. 나도 싫어. 오늘은 여기 누워서 마음껏 세상을 저주해도 좋아. 하지만 넌 일어설 거야. 태양이 환하게 뜰 테니까." 엄마가 말했다.

"암이 싫어. 여기 누워 있기도 싫어. 오늘은 몸이 좀 괜찮아서 애들이랑 놀아주고 싶었는데. 그렇게 계획을 세웠는데."

"얼마 전에 이젠 계획 같은 거 안 세운다고 한 것 같은데."

"노력 중이에요." 우리는 서로를 쳐다보며 웃음을 터트렸다.

그러고도 눈물이 다 마를 때까지는 한참 걸렸다. 나는 실컷 울고 다시 일어나 다음 단계로 걸어갔다.

나를 일으켜 세운 한 문장

- 낙담, 희망, 인정, 대응은 한 번만 통과하는 단계가 아니다. 시도 때도 없이 되풀이된다. 어떨 때는 하루에 이 네 단계를 다 거치기도 한다. 지금도 그렇다.
- 흐르는 눈물을 막아서는 안 된다. 막으면 더 눈물이 난다.
- 인정이라는 말은 암울한 날, 이를 받아들이고 이불을 머리끝까지 뒤집어쓴다는 의미도 포함된다.
- 역시 엄마가 최고다.
- 우리 엄마는 당신의 감정을 절대 내색하지 않으며 든든한 지팡이가 돼줬다. 나도 앞으로 우리 아이들에게 그런 엄마가 될 수 있기를 바란다.

당신의 문장을 적어보세요.

_____

_____

_____

_____

_____

그 무엇도 당연하지 않다

상상을 해보자. 화창한 일요일에 아이들을 데리고 숲으로 산책을 간다. 햇살이 눈부시고 바람도 조용하다. 한참 걸어가는데 갑자기 먹구름이 몰려온다. 이게 어쩐 일인가 당황하는 사이 돌풍이 불어오면서 억수같은 비가 퍼붓는다. 들판 한가운데라서 비를 피할 곳도 없다. 이제 어쩔 것인가?

여러 가지 가능성이 있겠지만 아마 대부분의 사람들은 서둘러 그 자리를 피할 것이다. 최대한 빠르게 비를 그을 수 있는 곳으로 대피할 것이다. 운이 좋아 대피소를 만난다면 잠시 숨을 고를 수 있겠지만 그렇지 못하다면 무조건 눈 질끈 감고 달려야 한다. 아이들을 양팔에 끼고 냅다 달리는 것이다. "난 못 해."는 있을 수 없다. 그렇게 정신없이 달리다 보면 어느 사이 집이 보일 것이고, 그 순간 젖 먹던 힘까지 내서 더욱 박차를 가할 것이다. 그리고 마침내 집에 도착하면 그제야 숨을 돌리며 아이들이 무사한지 살피고 서서히 정신을 차릴 것이다.

돌풍의 한가운데에 있을 때는 걸음을 멈추고 "이런 일이 생기다니…"

하며 한탄할 시간이 없다. 한시바삐 그곳을 빠져나와야 하므로 위험을 제대로 인식할 여유도 없다. 무사히 집으로 돌아와 정신을 차리고 텔레비전을 켰더니 돌풍이 불었던 현장이 나오면서 사망자와 부상자가 발생했다는 뉴스가 들린다. 그때서야 기분이 이상해진다. '뭐? 저기를 우리가 빠져나왔단 말이야? 아무도 안 다쳤으니 정말로 운이 좋았네.'

나의 꽃들은 새로운 세상을 열어줬다

며칠 후 당신은 그 참사 현장을 찾아간다. 당신은 운 좋게 빠져나왔지만 다른 사람들은 당신처럼 씨우고도 무사하지 못했다. 그제야 눈물이 솟구친다. 그제야 당신이 얼마나 용을 쓰고 애를 썼는지 실감이 난다. 그 시간 내내 나도 그랬다. 우리 가족도 분명 나와 같았을 것이다. 제대로 된 평가나 이해는 나중에야 찾아왔다. 훨씬 나중에. 아니, 어쩌면 영원히 끝나지 않을지도 모른다.

돌풍의 황폐한 흔적을 둘러볼 때는 꽃을 주의 깊게 살펴라. 당신이 무사히 빠져나온 그 길의 가장자리에는 꽃들이 피어 있을 것이다. 지나온 길의 꽃이 생각난다면 왔던 길을 돌아가도 좋다. 그 꽃을 가만히 들여다보라.

나의 꽃들은 화려했고 다채로웠다. 한 송이의 이름은 용기였고 또 한 송이의 이름은 침착이었으며 또 한 송이의 이름은 겸허였다. 어떤 꽃은 난생처음 본 새 세상을 열어주기도 했다. 그 무엇도 당연하지 않은 그런 세상, 감사와 겸허의 꽃이 활짝 핀 세상을. 그 세상이 이제는 우리의 새 집이다. 그러나 힘들고 고통스러운 과정 없이 그런 새 세상은 시작되지 않는다. 모두가 그곳으로 함께 갈 수 있는 것은 아니기 때문이다. 그런 세상이 있는지조차 모르는 사람들도 많다.

또 다른 한 송이 꽃은 당신이 지금 손에 들고 있는 이 책이다. 나는 암을 통해 글쓰기를 발견했다. 암에 걸리지 않았다면 이 책도 없었을 것이다.

이제 이 꽃들을 손에 쥔 당신은 폭우가 다시 쏟아져도 안심할 수 있다. 당신은 대피소의 소중함을 잘 알고 있다. 잠시 머물며 숨을 고를 수 있는 곳. 그런 곳을 마련하기 위해 당신은 노력할 것이다. 직접 망치를 손에 들고 뚝딱뚝딱 지을 수도 있다. 하지만 그러자면 꽃이 필요하다.

> **나를 일으켜 세운 한 문장**
>
> • 꽃이 필요하다!

다들 그렇게 산다는 말은 하나도 위로가 되지 않아

사실 우리는 남의 마음을 모른다

어제와 오늘이 다르고 오늘과 내일이 다르다. 어제는 친구의 아픔을 달래던 당신이 오늘은 친구에게 위로받는 처지가 될 수도 있다. 친구 몇 명을 집으로 불렀다. 첫 책의 출간을 몇 주 앞두고 친구들에게 먼저 내용을 공개하고 싶었다. 맛난 음식도 준비했고 포도주도 샀다. 제법 자란 머리카락을 쇼트커트로 자른 나는 지난 몇 달 동안 든든한 버팀목이 돼준 친구들을 반갑게 맞이했다. 파티처럼 요란스럽지는 않아도 즐겁고 화기애애한 분위기였다.

웃고 떠들며 밀린 수다를 떤 우리는 거실에 모여 앉았고 나는 친구들 앞에서 처음으로 책의 일부를 낭독했다.

"아, 그만하자. 여기까지면 충분할 것 같아." 눈자위가 붉어지는 친구들을 흘깃거리다가 웃으며 원고를 내려놓았다. 내 눈에서도 눈물이 흘렀다. 책의 내용 때문이 아니라 나와 함께 아파했고 지금도 내 아픔을 함께 나누는 친구들 때문이었다. 이런 친구들이 있어 나는 정말 행복한 사람이라는 생각이 들었다.

사실 그날 밤의 만남은 그룹 테라피가 목적이기도 했다. 여자라면 누구도 유방암의 공포에서 안전할 수 없다. 그날 모인 친구는 여섯 명이었고 나는 그 친구들에게 이렇게 말했다. "내가 유방암에 걸렸으니까 너희들은 안심해도 돼." 통계적으로만 보면 맞는 말일지도 몰랐다. 하지만 사실 그건 터무니없는 호언장담이었다. 그래도 나는 통계를 들먹이며 친구들을 안심시켰다.

"니콜, 그 말을 들으니까 안심은 되지만 아무도 모르는 일이긴 하지." 마리아가 심각하게 말했다. 모두가 그를 쳐다보았다. 맞는 말이었지만 내심 그 말이 사실이 아니기를 바랐다.

그렇게 우리는 잊지 못할 멋진 시간을 보냈다. 얼마 후 마리아와 통화를 했다. 며칠 전에 유방에서 종양을 발견해서 조직검사를 했는데 지금 결과를 보러 가는 중이라고 했다. 목소리에 걱정이라고는 없었다. 양성일 것이라고, 오히려 나를 안심시켰다. 그런데 두 시간이 지나도록 마리아한테서 소식이 없었다. 뭔가 느낌이 안 좋았다.

순간 전화벨이 울렸다. "니콜, 나 암이래."

입 다물고 함께 울어주는 사람

나의 경우 마리아만큼 충격적이지는 않았다. 나는 징조가 있었다. 마리아는 마른하늘의 날벼락이었다. 하기는 어차피 암이라면 아예 몰랐던 편이 더 속 편하게 살 수 있는지도 모르겠다.

어쨌든 그를 보호하던 비누 거품이 터졌다. 터져도 격하게 터졌다.

어찌나 흥분했던지 수화기 너머로 들려오는 그의 말을 다 알아들을 수가 없었다. 그럼에도 그의 암이 나와 똑같은 녀석이라는 사실은 이해했다. 통계나 확률 따위가 다 무슨 소용이란 말인가.

내 친구는 추락하고, 추락하고, 또 추락했지만 내가 해줄 수 있는 것은 없었다. 1단계에는 그물망이 아예 없다. 나는 추락하는 친구를 바라보며 함께 추락했다.

"마리아, 내 말 잘 들어. 나도 했으니까 너도 할 수 있어. 내 말 알아들었어? 너 어디야. 내가 지금 갈게." 나는 마구 소리쳤다.

다음 날 나는 소파에 너부러진 그를 만났다. 그리고 깨달았다. 자기가 당하는 것도 나쁘지만 옆에 앉아서 아무것도 해줄 수 없는 일 역시 못지않게 끔찍하다는 것을. 그 무력한 상태가 너무나 괴로웠다. 나는 미친 여자처럼 친구에게 지껄였다. 내가 무엇을 해줄 수 있는지 열거했고 온갖 충고와 해결책을 늘어놓았다. "항암 때마다 내가 같이 갈게." 이런 다짐도 했다. 너무나 맹목적인 말이었다. 마리아는 내 말은 들리지 않는 사람 같았다.

남을 돕지 않으면 안 된다는 강박에 빠져 허우적거리던 나는 문득 깨달았다.

ㄱ   나를 일으켜 세운 한 문장

　　• 난 가끔 정말 멍청하구나.
ㄱ

- 나한테 도움이 됐다고 해서 내 친구한테도 도움이 된다는 법은 없다.

- 충고도 아플 수 있다.

- 입 다물어라!

유방암이라면 내가 전문가라고 생각했다. 모르는 것이 없다고 생각했다. 얼마나 한심한가. 사람은 다 다르다. 해결 방안도 다 다르다. 상대가 무엇을 원하는지 모를 때는—사실 우리는 남의 마음을 모른다—물어야 한다. "뭐 필요한 거 없어? 내가 어떻게 도와주면 될까? 말해봐. 어두운 구렁에 빠진 네 곁에 내가 있어줄 테니 우리 함께 실컷 울어보자."

마리아에게 온갖 충고를 날리다가 문득 그런 깨달음이 들었다. 나는 입을 다물었다. 그가 침묵을 원하는 것 같았기 때문이다. 그냥 입 다물고 함께 울어주기를 바라는 것 같았기 때문이다. 둘이서 실컷 울고 난 다음 마침내 그가 입을 열었다. 두렵다고, 무섭다고. 그도 나처럼 아이가 둘이다. 자식을 먼저 걱정하는 엄마의 심정을 나는 누구보다 이해할 수 있었다. 그렇게 우리는 그냥 함께 있었다. 마리아가 묻지 않으면 절대로 먼저 충고하거나 정보를 알려주지 않았다.

내가 하지 않은 것이 하나 더 있다. 나는 1차 항암에 그를 따라가지 못했다. 그럴 수가 없었다. 전날 밤 구토를 시작한 것이다. 갑자기 오한이 들고 속이 메스꺼웠다. "마리아 따라 병원에 가려니까 그런 거 아냐?" 남편이 조심스럽게 물었다.

"무슨 말도 안 되는 소리야?"

"아직 병원에 가기가 힘든 거겠지."

나는 절대 아니라고 부인했지만 가만히 생각에 잠겼다. 사실이었다. 아직 병원 냄새만 맡아도 견딜 수가 없었다. 남편의 말이 맞다고 인정하고 나자 구토와 오한이 씻은 듯 사라졌다.

마리아에게 나는 솔직하게 고백했다. 위에 탈이 났다는 식의 거짓말은 둘러대지 않았다. 아직은 병원에 갈 용기가 나지 않는다고 솔직하게 말했다. 당연히 마리아는 내 심정을 이해했다. 숨기지 않고 모든 것을 이해하는 것, 그것이 진짜 우정이니까.(그래도 한 번은 따라갔다. 그때는 별 문제가 없었다.)

> ㄱ **나를 일으켜 세운 한 문장**
>
> • 사랑하는 사람이 추락하면 나도 따라 추락한다.
>
> • 맹목적인 열정은 도움이 안 된다.
>
> • 내가 줄 수 있는 도움만 줘야 한다. 그렇지 않으면 그건 도움이 아니다. 마리아에게도 그물망이 돼준 사람들이 있었다. 그중에는 항암 치료를 받은 적이 없는 사람들도 있었다. 나보다는 그들이 항암 치료에 따라가기가 더 쉬웠을 것이다.
>
> • "뭐 필요한 것 없어?"라고 묻는 게 "이거 해, 저거 해."보다 백배 낫다.

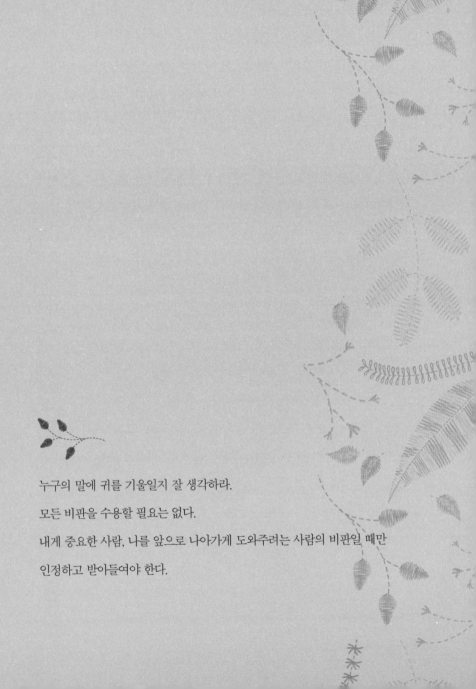

누구의 말에 귀를 기울일지 잘 생각하라.

모든 비판을 수용할 필요는 없다.

내게 중요한 사람, 나를 앞으로 나아가게 도와주려는 사람의 비판일 때만

인정하고 받아들여야 한다.

2

그 일을 겪기 전의
나로 돌아갈 수는 없겠지만

한 사람만 있다면 무너지지 않을 수 있어

"으아. 태풍이야." 쾰른이 카니발 시즌이라 우리 식구는 도망치다시피 조용한 섬으로 휴가를 떠났다.

"엄마. 나 날아가요. 엄마는 좋겠어. 무거워서."

베스트셀러가 된 순발력 책을 쓴 작가의 아들답게 막스가 기회를 놓치지 않고 정곡을 찔렀다.

"쾰른이었다면 폭풍 경보가 내렸겠어. 행사도 취소되고. 근데 여기 사람들은 태평하게 산책을 하네." 남편이 놀랍다는 표정으로 말했다.

30분쯤 태풍 속에서 산책을 하고 다시 숙소로 돌아왔다. 라디오에서 마침 일기예보가 흘러나왔다.

"다소 불던 북서풍이 해가 지면서 조금 강해질 것으로 예상됩니다."

남편과 나는 서로를 쳐다보다가 웃음을 터트렸다. 태풍에 온 식구의 머리는 엉망이 됐고 아이들은 우산을 쓰고 있으면 만화영화 주인공처럼 멀리 바다로 날아갈 수 있는지에 대해 말다툼을 벌이는 중이었다. 그런데 "다소 불던 북서풍"이라니.

그렇다. 모든 것은 상대적이다. 누구에게는 태풍이 누구에게는 미풍이다. 차이는 어디서 생기는 것일까? 회복탄력성을 의미하는 '레질리언스(resilience)'는 부모에게 물려받는 것일까 아니면 살면서 배우는 것일까? 혹은 둘 다일까?

이 문제는 두 가지 측면에서 접근해야 할 듯하다. 내 개인적인 경험과 연구 결과를 다 살펴봐야 할 것 같다. 레질리언스라는 말은 원래 물리학에서 나온 용어로 어떤 물질이 변형된 후 원래 형태로 되돌아오는 능력을 일컫는다. 이러한 회복탄력성이 매우 높은 대표적인 물질이 고무다. 고무공을 비튼 후 손을 놓으면 금방 다시 원래 모양으로 돌아간다. 대나무도 그렇다. 태풍에 몸을 사정없이 휘던 나무도 바람이 잦아들면 절로 원상태로 돌아간다.

이렇듯 회복탄력성이 갖고 있는, 어려움을 겪고 원래의 모습으로 돌아오는 능력과 관련된 이미지는 참으로 마음에 들지만 나는 그것이 전부가 아니라고 생각한다. 고무와 대나무는 다시 원래의 상태로 되돌아오지만 내 경험을 떠올려보면 그 고무와 대나무는 예전과 똑같은 고무와 대나무가 아니다. 태풍을 만난 나도 휘청하다 다시 일어났지만 그 이후의 나는 예전과 같은 사람이 아니었다. 태풍은 내 몸과 마음에 또렷한 흔적을 남겼다.

이러한 과정을 '저항'이라는 말로 설명하는 것은 적절하지 않다고 생각한다. 그보다는 티베트 불교의 성자 밀레르빠의 말씀이 훨씬 더 적절한 표현일 것이다. "마주치는 모든 것을 마음이 자랄 수 있는 기회로 본다면 강건해질 것이다."

이는 앞서 찾은, 일어서기와 관련된 문장과도 일맥상통하는 점이 있다. "두고 보자. 쓸데가 있을지 누가 알겠는가."

태풍을 겪은 대나무는 같은 대나무가 아니다. 그전보다 훨씬 강건해졌다. 절대 휘지 않는 나무가 됐다는 것이 아니라 경험을 통해 더 튼튼해졌다는 말이다.

따라서 나는 회복탄력성을 설명할 때 대나무보다 찰흙공이 더 적절한 비유라고 생각한다. 당신이 공예용 찰흙으로 주먹만 한 공을 만들었다고 상상해보자. 다른 방에서 놀던 아이가 쪼르르 달려와서 같이 놀자고 한다. 아이는 열 개의 작은 공을 만들어서 당신에게 물어보지도 않고 당신의 공에 그 열 개의 공을 갖다 붙인다. "이것 봐요. 내가 붙였어요. 여기, 여기, 여기."

아이의 손이 닿아 당신의 공은 새 작품으로 재탄생했다. 계획과는 다른 작품이므로 새 공을 다시 손봐 큰 공으로 만들지 아니면 그냥 아이가 한 대로 내버려둘지는 당신의 선택이다. 어떤 쪽을 택하건 찰흙은 새로운 형태가 됐다. 찰흙은 찰흙이다. 망가지지도 쪼개지지도 부서지지도 갑자기 사라지지도 않았다. 하지만 원래 그대로가 아니라 변했다. 당신의 찰흙공은 회복력을 갖게 됐고 어떤 모양으로든 변할 수 있으며 변화를 인정하게 됐다. 아이의 손길을 통해 더 커졌고 변화를 통해, 덧붙여진 진흙을 통해 성장했다.

나는 이런 것이 회복탄력성이라고 생각한다. 추가된 것을 자기 것으로 삼아 성장하는 것. 아이가 작은 자갈돌을 찰흙공에 붙인다 해도 찰흙은 어떻게든 그 돌을 받아들였을 것이다. 돌은 돌이고 암은 암이다.

똥이 금이 되지는 않는다. 하지만 당신은 그 돌로 작은 코를 만들 수 있다. 나아가 찰흙공으로 얼굴을 만들어보자는 아이디어를 낼 수도 있을 것이다. 여태 똑같은 찰흙공만 만들었던 자신이 갑자기 한심해 보일 수도 있을 것이다.

바로 이것이 내가 당신에게 전하고 싶은 회복탄력성의 의미다. 계획에 없던 일, 예상치 못했던 일을 딛고 성장하는 것, 그 일을 최대한 내 것으로 만드는 것.

마주치는 모든 것은 마음이 자랄 수 있는 기회

그럼 회복탄력성은 타고나는 것일까? 아니면 누구든 배울 수 있는 것일까? 이 질문에 대한 대답은 회복탄력성 연구의 선구자 에미 베르너가 줄 수 있을 것 같다. 그는 1955년에 698명의 아이들을 선정해 관찰을 시작했다. 이 중 201명은 정말로 힘든 환경에서 자랐다. 찢어지게 가난한 집안의 아이들이었고 부모가 정신질환을 앓거나 심각한 문제를 안고 있었다. 에미 베르너는 이 아이들을 32년 동안 꾸준히 관찰해 이들이 훗날 어떻게 사는지 지켜보았다.

그렇게 어려운 상황에서도 어쨌든 72명의 아이들은 커서 책임감 있고 행복한 어른이 됐다. 그들에게는 여러 가지 공통점이 있었다. 예를 들면 최소 한 사람과 강한 애착관계를 형성했다. 그 사람이 든든한 버팀목이자 인간관계의 모델이 돼줬다. 참 안심이 되는 소식이 아닐 수 없다. 혹시 부모가 좀 잘못해도 아이가 잘 자랄 수 있다는 말이니까.

나는 요즘 내가 우리 아이들에게 항상 옳은 결정을 내리고 있는지 고민을 많이 한다. 내가 겪은 암이 아이들에게 나쁜 영향을 미치지는 않았을까? 그럼에도 나는 믿고 싶다. 우리 아이들은 나와 강한 애착관계에 있다고 말이다. 나뿐만이 아니다. 우리 아이들은 아빠, 할머니, 할아버지, 친구들과도 강한 유대관계를 맺고 있다. 해리 포터는 부모님이 없지만 대신 좋은 친구들이 곁을 지켜줬기에 강한 아이가 됐다. 강한 애착관계가 회복탄력성의 만병통치약은 아니겠지만 중요한 요인인 것만은 틀림없다.

우리 아버지는 어린 시절이 편치 못했다. 옆에서 지켜본 사람은 참 불행한 어린 시절을 보냈다고 말할지도 모른다. 아버지에게 버림받고 엄마와 단둘이 단칸방에서 가난하게 살았으니 말이다. 하지만 아버지께 여쭤보면 "좋았다."라고 대답하신다.

할머니 이야기를 할 때면 아버지의 얼굴이 환하게 피어난다. 할머니는 아버지의 더할 나위 없는 보호자였다.

아버지만이 아니다. 우리 부모님 세대는 전쟁을 겪었다. 폴 글레이저의 《적과의 춤Dancing with the Enemy》에서 읽은 한 문장은 오래도록 내 머리를 떠나지 않았다. 주인공은 로지라는 이름의 유대인 여성이다. 그는 나치 수용소를 몇 군데나 옮겨 다니며 온갖 고초를 겪었지만 결국 살아남았다. 네 번째로 수용소를 옮기던 날 그는 일기장에 이렇게 적었다. "하루 일과를 마치고 여기저기 사람들을 만나면서 이 새 세상에서 무엇을 이룰 수 있을지 살폈다." 그는 '새 세상'이라고 했다. '이룰 수 있을지'라고 했다. 그 악몽의 아우슈비츠에서 말이다.

그는 살아남았고 오래오래 행복하게 살았다. 그에게는 무너질 권리가 있었다. 세상 누구보다 운명을 원망할 자격이 있었다. 가혹한 운명에 우는 사람은 수없이 많다. 그들에게는 울 자격이 있다. 우리 할머니도 그랬고 할아버지도 그랬다. 두 분의 사연은 조금 이따 이야기하기로 하자. 딸을 잃은 우리 부모님도 그랬고 내가 만난 수많은 사람들도 울며 탄식할 자격이 충분한 사람들이다.

하지만 운명을 이긴 사람들에게는 한 가지 공통점이 있다. 그들은 절대 무너지지 않았다. 요즘 주변을 돌아보면 번아웃 직전인 사람들이 정말로 많다. 회복력을 입증해보일 수밖에 없었던 사람으로서 나는 감히 이렇게 말하려 한다. 회복탄력성은 둘 다라고. 타고난 능력이기도 하지만 성장하고자 하는 각오이기도 하다고. 그러니까 회복탄력성은 배울 수 있는 것이라고.

이미 일어난 일이다

암이 완치되고 처음 맞는 크리스마스였다. 머리카락도 다시 나고 하루하루 별일 없이 지나갔다. 나는 일을 시작했고 건강했으며 가족과 함께 크리스마스 파티를 열 생각에 들떠 있었다. 그런데 크리스마스 연휴를 앞두고 퇴근을 한 남편의 얼굴이 백지장이었다.

"여보, 무슨 일이야?" 내가 놀라서 물었다.

"나 해고당했어."

"뭐?"

"잘렸다고."

나는 소파에 털썩 주저앉았다. 남편도 따라 주저앉았다.

"어떻게 이럴 수가 있어? 당신 이 회사에서 일한 지가 5년이야. 실적도 좋았잖아."

영업직인 남편은 실적이 대단히 좋았다.

"나도 모르겠어." 남편의 표정에 절망이 서렸다.

"뭐라고 하면서 잘라?" 내가 물었다.

다들 그렇게 산다는 말은 하나도 위로가 되지 않아

"내일부터 다른 직원이 내 일을 맡을 거라면서."

"그게 다야?"

"메리 크리스마스, 라더군."

멋진 인사에 멋진 선물이었다. 우리는 몇 분 동안 말없이 앉아 있었다. 그렇게 고통스러웠던 시간을 겨우 떠나보내고 이제 좀 편해지나 싶었는데 또 이런 일이 생겼다. 죄인처럼 고개를 푹 숙인 남편을 보고 있자니 속에서 불이 났다. 남편 회사가 가까웠다면 아마 당장 달려가 이런 법이 어디 있느냐고 난동을 부렸을 것이다. 저기 저 남자가 어떤 사람인 줄 아느냐고, 당신들이 얼마나 대단한 사람을 내보냈는지 아느냐고. 그랬다면 남편은 더 힘들었을 것이다. 그러니 회사가 가깝지 않은 게 다행이었다.

내가 어쩔 수 없는 일

생각해보니 늘 그랬다. 아무 일 없다고 안도하는 순간 항상 예상치 못한 주먹이 날아왔다. 우리가 암을 겪지 않았다면 분명 머리를 쥐어뜯으며 크리스마스 파티고 뭐고 다 팽개쳤을 것이다. 하지만 정말로 놀라운 일이 일어났다. 10분 정도 지나자 충격이 가시면서 남편과 나는 동시에 서로를 쳐다보았다. 그리고 씩 웃었다. 아무 말도 하지 않았지만 우리는 상대의 생각을 읽었다. 남편이 먼저 입을 열었다.

"이 정도야, 뭐."

"맞아. 잘렸다고 죽지는 않아."

"그렇지."

"다른 문제는 없잖아."

"내 말이."

"이번에도 한번 두고 보자고. 어디에 좋을지."

나만이 아니었다. 병이라는 큰 시련을 통해 남편도 깨달음을 얻었다. 아끼는 접시를 떨어뜨려 산산조각이 났을 때 화를 내는 1분 1초는 잃어버리는 시간이다. 다르게 행동할 수도 있었을 시간이 그냥 허무하게 흘러간다. 그러니 숨을 크게 쉬어라. 이미 일어난 일이다.

나를 일으켜 세운 한 문장

- 한번 시련을 겪은 사람은 좀처럼 흔들리지 않는다.
- 문제는 상대적이다. 평생 무사태평하게 산 사람에게는 해고가 역대급 태풍이겠지만 암을 이겨낸 우리에게는 가벼운 미풍에 불과했다. 실제로 남편은 금방 새 일자리를 찾았고, 지금까지 만족하며 잘 다니고 있다.
- 숨을 크게 쉬고 마음을 가라앉힌다. 이미 일어난 일이다.

우리는 더 이상 남편의 해고를 입에 올리지 않았다. 그것으로 그 이야기는 끝이었다. 접시는 이미 깨졌다. 그 교훈을 나는 병원에서 검사를 하고 결과를 기다리던 몇 분 동안 대기실에서 깨달았다. 멍한 상태로 엄마와 함께 기다리다가 문득 내 입에서 이런 말이 튀어나왔다. "내 몸은 이미 결과를 알아요. 우리만 모르고 있죠."

그것이 그 깨달음의 부정적 측면이었다. 나는 아무것도 할 수 없다. 일은 이미 일어났다. 세포는 몇 달 전에 이미 변화를 겪었다. 내가 할 수 있는 것은 그 사실을 의사의 입을 통해 전해 듣는 것뿐이다. 하지만 그 깨달음에는 긍정적인 면도 있었다. 나는 숨을 크게 들이쉴 수 있었다. 내가 어찌할 수 없는 일이니 머리를 쥐어짜며 고민할 필요가 없었다. 접시는 깨졌지만 그래도 나는 빗자루와 쓰레받기를 들고 와서 인생의 파편들을 쓸어 담을 수 있었다.

털어놓지 않을 권리

여기까지 이 책을 열심히 읽은 독자라면 이런저런 전략을 배웠을 것이고 어쩌면 직접 실천에 옮겨보았을지도 모르겠다. 그렇다면 문제해결 능력은 우리 삶에 어떤 영향을 미칠까? 어떤 문제를 외면하고 그에 대해 침묵하는 것과 쉬지 않고 그 문제에 대해 이야기하는 것은 어떤 차이가 있을까? 문제해결 능력은 타고나는 것일까? 아니면 훈련으로 배울 수 있는 것일까?

1959년, 제법 전쟁의 상흔이 아물었고 먹고살기도 훨씬 나아진 어느 날이었다. 속으로는 어떨지 몰라도 적어도 겉보기에는 전쟁의 아픔이 많이 지워졌을 때였다. 그때 할머니는 둘째 딸을 출산한 지 석 달이 됐다. 당시만 해도 아이를 낳은 여자들은 집에서 몸을 풀었다.

"여보. 아무래도 애가 이상해요." 할머니는 뭔가 불길한 예감을 할아버지에게 전달했다.

두 사람은 여러 병원을 찾아다녔지만 돌아온 대답은 한결같았다.

"이상 없습니다."

마음은 여전히 불안했지만 흰 가운을 입은 전문가에게 감히 항의할 수 없었다. 하지만 결국 아이는 경련을 일으켰고, 할머니는 첫째, 에리카—당시 네 살이던 우리 큰 이모—의 손을 잡고 둘째, 모니카를 등에 업은 채 대학병원으로 달려갔다.

"아이를 뺏어갔다고 했어." 이모는 희미한 기억을 떠올려 이야기했다. 할머니와 할아버지는 오래전에 돌아가셨기 때문에 자세한 내용은 물어볼 수 없었다. 이모의 기억은 분명하지 않았고 엄마는 그때 아직 태어나지도 않았다.

"뺏어가요?" 내가 놀라 물었다.

당시에는 아픈 애를 병원에 데리고 가면 부모에게 자세히 설명해주지도 않고 자기들 마음대로 아이를 데려가서 치료를 했대. 그래서 우리 부모님도 아이를 간호사한테 넘겨주고 멍하니 기다리고 있었는데 한참 지나 간호사가 와서는 할 수 있는 게 없으니 기도나 하라면서 두 분께 집으로 돌아가라고 했다고 해."

"그래서 어떻게 됐어요?"

"네 할머니와 할아버지가 놀라서 온 병원을 이 잡듯 뒤졌지. 방문마다 다 열어보고. 그러자 병원에서 경찰을 불러서 두 사람을 쫓아냈단다. 하는 수 없이 집으로 돌아왔는데 전화가 와서 아이가 죽었다고 했다는 거야."

도저히 납득이 되지 않아 나는 이모에게 자꾸 더 캐물었다.

"나중에도 별말씀 안 하셨어요?"

"거의 안 하셨지. 그 일을 입에 올릴 때도 너무나 담담하셨고."

"이모는 동생이 어디 있냐고 물어보지 않았어요?"

"물어도 그냥 멀리 갔다고만 하셨어. 그러다 1년 후에 네 엄마가 태어났고 그러자 더욱 모니카 이야기는 하지 않게 됐지."

아마 당신은 지금 어떻게 부모가 그렇게 냉혹할 수 있냐며 우리 할머니 할아버지가 냉정한 사람들이라고 생각할지도 모르겠다. 그런데 그렇지 않았다. 내가 겪은 할머니 할아버지는 무척 다정한 분들이셨다. 하지만 두 분과 가깝게 지낸 나도 두 분께 죽은 아이의 이야기를 들은 기억은 나지 않는다.

"사진은 없어요? 생일을 챙겨주지도 않았어요?"

"전혀. 아예 태어나지도 않은 것 같았지."

이 자리에서 나는 어떤 식으로건 두 분의 행동을 판단하고 싶지 않다. 그저 당신에게 두 분이 겪은 이야기를 전하려 한다. 우리 할머니와 할아버지는 생후 3개월 된 딸을 잃었다. 구루병을 일찍 발견하지 못했기 때문이다. 아기의 무덤이 있었는지도 알 수 없다. 이모는 장례식을 치른 기억이 없다고 했다. 두 분은 누가 묻지 않으면 절대 그 일을 입 밖에 내지 않았다. 누가 물어서 대답을 할 때도 슬픔을 보이지 않았다.

할머니와 할아버지는 슬픔을 딛고 다시 일어섰다. 말 그대로였다. 이튿날부터 다시 일을 나갔다. 이웃이나 동료에게 어떻게 말했는지, 두 사람만 남았을 때에는 슬퍼했는지, 나로서는 알 수 없다. 하지만 아마 그러지 않았을 것 같다. 그냥 털고 일어나 할 일을 했고 또 아이를 낳았을 것이다.

굳이 심리학을 공부하지 않았어도 할머니와 할아버지는 일어서는 방법을 알았다. 당시에는 다들 그랬다. 문제와 위기를 입에 올리지 않는 세대였다. 아마 전쟁의 충격이 너무 강했기 때문이었을 것이다. 온 나라가 어서 아픔을 딛고 일어서야 해서 그랬을 것이다. 혹은 아이의 죽음이 너무도 잔인한 현실이어서 그랬을 것이다.

할머니는 둘째를 임신했을 때 나이가 이미 스물아홉 살이었다. 당시로서는 노산도 아주 심각한 노산이었다.

"기억이 나. 어떤 손님이 어머니 발치에 침을 뱉었어. '세상에, 당신 나이에 애라니. 부끄러운 줄 알아야지.' 그렇게 말했어."

이모가 들려준 기억이었다. 할머니가 입을 다문 데에는 그런 현실도 영향을 끼쳤을 것이다. 또 아이를 잃은 부모가 어디 한둘이었을까? 나만 힘들다고 울고불고할 수 있는 상황이 아니었을 것이다.

문제를 해결하는 방식은 하나가 아니다

그렇다면 나쁜 기억을 억지로 잊으려고 애쓴 사람들은 나중에 어떻게 될까? 전문가가 아니니 일반화할 수는 없지만 당연히 심리적 후유증이 생길 수도 있을 것이다. 하지만 지금 나는 우리 할머니와 할아버지의 이야기를 하고 있고, 적어도 두 분은 아무 문제가 없어 보였다. 두분은 그냥 담담히 주어진 삶을 사셨다. 절망하거나 술독에 빠지거나 마약에 손을 대지도 않았고 연쇄살인범이 되지도 않았으며 자살을 하지도 않았다. 당연히 심리치료를 받으러 다니지도 않았다. 차갑고 냉정한 사람이 된 것도 아니고 내성적인 외톨이가 되지도 않았다.

할머니 할아버지는 평생 훌륭한 부모였고 작은 식료품 가게를 운영했으며 우리 엄마를 낳았고 나중에는 두 명의 손주를 보았다. 그중 하나가 나다. 나는 두 분을 대단히 멋진 사람들로 기억한다. 할머니는 늘 유쾌하고 명랑했다. 할머니가 들려주신 말들은 지금도 내게 큰 힘이 된다. 결혼을 하고 아이 둘을 낳아 키우면서는 새삼 더 할머니가 얼마나 대단한 여성인지 절감했다. 할머니는 어린아이 둘을 키우며 월요일 아침부터 토요일 밤까지 가게 문을 열었다. 그 틈틈이 물건을 들이고 재고 정리를 하고 장부를 썼을 것이다.

낮에 잠시 애를 봐주는 사람을 썼겠지만, 아이 키우는 엄마라면 다들 알 것이다. 그 정도 도움의 손길은 뜨겁게 달궈진 돌에 떨어진 물 한 방울의 효과도 내지 못한다는 것을 말이다. 일요일에는 밀린 빨래와 청소를 했을 것이고 휴가도 거의 가지 못했다. 그런데도 할머니의 얼굴에는 항상 미소가 가득했다. 손님맞이용 억지 미소가 아니라 진짜 미소가 넘쳤다. 어려운 일이 생겨도 이 한마디뿐이었다.

"다리가 부러진 것보다는 낫잖아. 괜찮아."

그러니까 할머니는 아셨던 것이다. 살다 보면 그보다 훨씬 더 힘든 일이 많다는 것을 말이다. 우리 할머니 세대가 거의 다 그랬듯이. 당신이 몸소 겪으셨다. 충분히, 아주 많이. 아쉽게도 이제 나는 그분들의 말씀을 들을 수 없다. 두 분 모두 돌아가셨다. 진즉에 왜 이것저것 물어보지 못했을까 무척 후회된다. 전쟁 이야기, 두 분이 겪었던 온갖 사연들을 물어봤으면 좋았을 텐데 말이다.

왜 내가 지금 이런 이야기를 늘어놓고 있을까? 문제해결 방식은 하

다들 그렇게 산다는 말은 하나도 위로가 되지 않아

나가 아니라는 사실을 당신에게 알리고 싶기 때문이다. 누가 당신에게 "속 시원하게 다 말을 해!"라고 충고하거든 이 책을 읽어줘라. 털어놓지 않아도 된다. 입을 다물고 고개 저어 잊으려 해도 된다. 당신에게는 그럴 권리가 있다. 마음이 시키는 대로 하라. 다만 그 마음의 소리를 듣고 느낄 수 있도록 조용히 귀를 기울일 필요는 있다.

하지만! 그렇다. 이제야 '하지만'이 등장한다. 우리 할머니는 치매를 앓으셨다. 70세부터 이미 조짐이 보였다. 지금 우리는 심한 우울증이 치매와 직접적으로 관련 있을 수 있다는 사실을 잘 안다. 할아버지가 일찍 암으로 세상을 떠나셨을 때도 할머니는 똑같이 입을 다물고 잊으려 애썼다. 나 같은 문외한의 눈에는 할머니가 그 망각의 방법을 너무 자주 사용한 것 같지만 어쨌든 그것이 운명에 대처하는 할머니의 방식이었다. 그리고 무엇보다 우리 할머니는 77세에 눈을 감는 그 순간까지 참 행복하게 사셨다.

그러니까 입을 다물고 외면하는 방법이 유익할까, 그렇지 않을까? 그런 식으로 문제를 외면하면 언젠가 후유증을 겪을까? 물론 나로서는 알 길이 없다. 나는 그저 관찰할 뿐이다. 요즘처럼 이렇게 치료와 상담과 분석이 넘쳐났던 시대는 없었다. 심리치료 한번 받아보지 않은 사람이 있을까? 그래서 어떤 결과가 발생했는가?

2016년 독일의료보험조합 데아카가 발행한 의료보험 건강보고서를 보면 심리질환으로 인한 결근이 최고 수치에 달했다고 한다. 심리질환으로 인한 병가 증명서 발행도 세 배나 증가했다.

그러면 심리치료나 분석이 아무짝에도 쓸모없다는 소리인가? 아니면 그런 것들 때문에 우리의 관심이 오로지 정신건강 문제나 심리상태에만 집중된 걸까? 만약 그렇다면 문제를 외면하는 것도 그리 나쁜 방법은 아니지 않을까? 우리 할머니 세대의 이런 전략은 그들의 자식과 손자들에게 어떤 영향을 미쳤을까? 나만 봐도 우리 세대는 할머니의 전략을 물려받지 않았다. 귀찮은 세금 신고는 외면할 수 있어도 문제가 생기면 나는 만나는 사람마다 붙들고 고민거리를 주절주절 늘어놓고 하염없이 푸념을 해댄다.

"모니카 이모의 죽음을 아무도 입에 올리지 않는 게 괜찮았어요?" 나는 이모와 엄마에게 물었다.

"글쎄. 당시에는 다들 그랬으니까 그게 당연하다고 생각했지. 그렇지만 아냐의 이야기는 많이 했잖니."

엄마의 대답은 자신의 전략은 스스로 택할 수 있다는 뜻일 것이다. 무조건 세상을 따르지 않고 자신에게 맞는 길을 찾을 수 있다는 의미일 것이다. 운명은 내 손안에 없지만 굴러떨어진 그 깜깜한 구멍에서 빠져나오는 길은 내 손안에 있다. 설사 어린 시절 가정에서 그 방법을 배우지 못했더라도, 행복한 유년기를 보내지 못했더라도 우리에게는 힘이 있다. 사는 데 필요한 회복탄력성은 어른이 된 후에 배워도 충분하다. 그리고 솔직히 말하면 훌륭한 교육으로도 암울한 삶의 시간을 대비할 수는 없다.

당신의 문장을 적어보세요.

"다들 그렇게 산다고?"

이 책을 쓰기 위해 나는 많은 사람들의 이야기를 들었다. 온갖 일을 겪은 사람들, 자신만의 방법으로 혹독한 시련을 이겨낸 사람들이었다. 그들에게는 한 가지 공통점이 있었다. 모두가 시련을 통해 여유와 강인함을 배운 것이다. 여유라니? 이게 대체 무슨 말일까?

어느 날 밤에 엄마가 이런 말씀을 하셨다.

"네 아버지가 불치병 진단을 받고 이튿날 친하게 지내던 지인들을 만났어. 얼굴이 왜 그렇게 안 좋으냐고 묻기에 나는 순진하게도 사실을 털어놓았단다. 그랬더니 뭐라고 했는지 아니? '그래서 너도 따라 죽으려고 그래?'라고 하더라. 예전 같았으면 화가 나도 꾹 참았을 텐데 그날은 나도 모르게 이런 말이 튀어나왔단다. '너희 같은 배려 없는 인간들하고는 더 이상 만나고 싶지 않아.' 그리고 그대로 돌아서서 나왔지. 그날부터는 만나도 시간이 아깝지 않은 사람들하고만 만난단다."

유방암을 치료하다 만난 내 친구는 병이 낫고 나서 다니던 직장을 그만두고 쉰이 가까운 나이에 춤 심리치료 자격증에 도전했다.

"그걸로 먹고살겠어? 안 되면 어쩌려고?" 내 물음에 친구는 씩 웃으며 대답했다. "내가 좋아하는 일인데 되지 않을 리가 있겠어?"

나도 고통스러운 항암의 시간을 지나는 동안 여유라는 큰 선물을 받았다. 여러 가지 측면에서 나는 요즘 정말로 여유롭다. 일단 예전보다 훨씬 용감해졌다. 하고 싶은 일, 기가 막힌 계획, 멋진 아이디어가 떠오르면 바로 실행에 옮긴다. 계산이고 계획이고 다 필요 없다. 설령 부족한 점이 있더라도 실행하면서 고치면 된다. 그리고 무엇보다 사회적 규범에서 자유로워졌다. "다들 그렇게 살아."라는 말은 우리 가족의 사전에서 삭제된 지 오래다.

막스의 영성체 파티를 일주일 앞두고 이사를 했을 때다. 주변의 아이 친구 엄마들이 나만 보면 걱정을 늘어놓았다.

"정리는 다 했어?"

"글쎄. 아직 잘 모르겠어." 나는 솔직하게 대답했다.

"짐을 다 풀지도 않았어?"

"응, 여기저기 쌓여 있어."

아, 오해는 마라. 나는 그러거나 말거나 상관없었다. 물론 열심히 치우고 정리도 했다. 그래도 아직 완벽하지는 않았다. 하지만 어차피 그날 파티에 초대한 사람들도 나하고 비슷한 부류였다. 짐이 굴러다니거나 말거나 상관하지 않을 사람들이었다. 그게 꼴 보기 싫은 사람은 집 안으로 들어오지 않고 마당에만 있으면 될 일이고.

드디어 영성체 날이 밝았다. 전국 각지에서 친지들이 모여들었다. 우리는 직접 뷔페를 차렸다.(당연히 내가 좋아서 한 일이었다.) 두 명의 지인이 설거지를 도와주기로 했다. 그런데 손님들이 막 몰려오기 시작할 무렵 전화가 와서 도와주지 못하게 됐다고 하는 게 아닌가. 솔직히 그 순간 혈압이 치솟기는 했다. 하지만 손님들은 이미 도착했고 아이들은 정원에서 뛰어놀고 있었다.

막스가 손님들 앞에서 공식적으로 인사를 마친 후 나는 손님들에게 이런 부탁을 곁들였다. "여러분, 설거지를 담당하신 분들이 못 오게 됐어요. 그러니까 오늘은 처음부터 끝까지 셀프예요. 다 드시고 남은 음식은 저 통에 담아주시고 접시는 식기세척기에 넣을 수 있게 살짝 헹궈주세요."

그날 밤 잠자리에 든 막스가 말했다.

"엄마, 오늘이 평생 제일 즐거웠어요." 내 눈에도 아이는 진짜 즐거워 보였다.

아마 대부분의 사람들은 나처럼 하지 않을지 모른다. 스트레스를 받으며 억지로 집을 정돈하고 처음부터 끝까지 완벽한 서비스를 제공하는 것이 미덕이라고 생각할지도 모르겠다. 영성체 전날 성당에서 만난 한 엄마는 지친 모습으로 내 옆에 털썩 주저앉으면서 말했다. "어서 끝났으면 좋겠어." 어디 가나 이런 말을 정말 많이 듣는다. 크리스마스 파티를 앞두고도 모두가 말한다. "너무 스트레스 받아. 어서 지나갔으면 좋겠어." 또 아이가 태어났을 때는 "기어 다니기만 해도 좋겠어."라고 하다가, 아이가 기어 다니면 "걷기만 해도 좋겠어."라고 하고, 막상 아이가 걷기 시작하면 "말만 해도 좋겠어."라고 하는 사람들이 있다.

나는 이런 사람들이 참 안쓰럽다. 하루하루가 절대 당연한 것이 아니라는 사실을 이들은 모르는 것 같다. 또 쓸데없이 자진해서 스트레스를 받는 것 같다. '다들 그렇게 한다'는 이유만으로 당신도 그렇게 해야 할 필요는 없다. 영성체 축하 파티의 주인공은 하루 종일 불편한 양복을 입고 가만히 앉아 있어야 한다고 누가 정했나? 할머니가? 성당이? 이 사회가? 막스는 대모님에게 멜빵바지를 선물로 받고는 포장을 뜯은 지 약 3.4초 만에 당장 그 바지로 갈아입었다. 그날 찍은 가족사진에도 아이는 멜빵바지 차림이다. 그래서 어떻다는 것인가? 아이는 그날을 평생 잊지 못할 것이다. 뭐가 더 중요한가? 사회의 규범이 아니면 개인의 행복이?

사회의 규범은 사람이 만든 것이다. 그리고 사람은 실수투성이다. 이 세상에는 멍청하게 규칙을 추종하는 사람이 필요한 것이 아니다. 문제를 제기하는 사람이 필요하다. 능동적으로 사고하고 평화롭게 자신의 길을 걸어가는 이상주의자가 필요하다.

주어진 시간을 있는 힘껏 열심히

어느 날 갑자기 자신의 죽음을 맞닥뜨린 사람들은 자동적으로 자신에게 몇 가지 질문을 하게 된다. 나는 그랬다. 아, 물론 우리는 매일 매 시간 자신의 죽음을 맞닥뜨린다. 다만 다행히도 그 사실을 잊고 살 뿐. 어쨌든 당시 나는 스스로에게 이런 질문을 던졌다.

'살고 싶었던 삶을 살았니? 열심히, 매순간 열심히 살았어?'

첫 질문의 대답은 다행히 '응.'이었다. 하지만 두 번째 질문에는 '응.'

이라고 답하지 못했다. 나는 내게 주어진 시간을 있는 힘껏 열심히 살지 못했다. 그런 깨달음이 든 곳은 역시나 병원 대기실이었다. 정기검진 날이었다.

"안녕하세요. 슈타우딩거 씨, 어떠세요?" 담당 의사가 환하게 웃으며 물었다.

"네. 좋아요." 나도 따라 웃었다. 하지만 담당 의사는 검진이 끝나기 전까지는 내가 제정신이 아니라는 것을 누구보다 잘 안다.

"그럼 한번 볼까요?"

건강한 여성이라면 혈압이 올라갈 이유가 전혀 없는 순간이었다. 하지만 나 같은 암 환자는 아드레날린이 솟구친다. 불을 끄고 초음파 기계를 켜고 가슴에 젤을 발랐다. 이 글을 쓰는 지금도 그때 생각이 나서 기분이 안 좋다. 그런 순간에 필요한 것은 오직 하나다. "다 좋네요. 별 이상 없어요."라는 의사의 말이다. "지방조직 괴사 가능성이 높아요. 한번 검사를 해봐야겠는데요." 같은 말은 절대, 절대 듣고 싶지 않다.

하지만 의사의 입에서는 바로 그 말이 튀어나왔고, 그 순간 내 머리에서는 지난 몇 년의 기억이 거의 모두 사라져버렸다. 검사라는 말과 함께 나는 다시 항암 전으로 돌아갔고 깜깜한 구렁으로 떨어졌다. 내 표정이 어땠을지 다들 짐작이 갈 것이다. 의사는 나를 진정시키려 노력했다. 별일 아니다. 혹시 모르니까 검사를 해보자는 것이다. 하지만 소용없었다. 나도 안다. 확률은 낮다. 하지만 확률은 확률일 뿐이다.

"지금 당장 샘플 채취를 해봅시다."

의사가 내게 해줄 수 있는 말은 그뿐이었다.

그 말은 곧 30분 동안 기다려야 한다는 뜻이었다. 나는 대기실에서 홀로 마음을 졸이며 검사결과가 나오기를 기다렸다. 그리고 바로 그곳, 그 상황에서 깨달았다. '아, 내가 열심히 살지 않았구나. 암에 걸려 그 고생을 했으면서도 왜 1분 1초 최선을 다해 살지 않았을까?'

깨달음은 쓰디썼다. 정말로 쓰디쓴 깨달음이었다. 아이들에게 더 많은 시간을 줄 수 있었을 것이다. 아이들과 함께 있을 때도 백 퍼센트 아이들에게 집중하지 못했다. 몸은 함께 있어도 눈은 휴대전화에 가 있었다. 그날 대기실에서 나는 맹세했다. 다시 한 번 내게 기회가 주어진다면 최선을 다해 매 순간을 살리라.

30분이 채 안 되어 의사가 내 곁으로 다가와 앉더니 조용히 말했다. "앞으로 어떻게 될지는 저도 모릅니다. 그건 제가 어떻게 해드릴 수 있는 일이 아니에요. 하지만 조기 발견은 할 수 있어요. 너무 걱정을 하셔서 제가 다 죄송스럽네요. 하지만 제 일이 이런 것이니 어쩔 수 없습니다. 걱정하지 마세요. 단순한 지방조직 괴사니까요."

이튿날 나는 의사와 간호사들 앞으로 꽃다발을 한 아름 배달시켰다.

지금 여기를 사는 법

우리의 주의를 앗아가는 1순위 범인이 휴대전화다. 스마트폰이다. 아니, 이 말은 잘못이다. 진짜 범인은 그것을 사용하는 사람이다. 나도 예외는 아니다. 나도—물론 어느 정도 한계는 두지만—소셜네트워크의 열성 팬이다. 내 인생의 가장 어두웠던 시간, 바깥세상과 나를 이어준 것도 스마트폰이었다. 그곳에서 얻은 많은 정보가 투병에 큰 도움이 됐던 것도 사실이다. 또 페이스북에서 정말로 멋진 사람들을 많이 만났다.

하지만 스마트폰이 모든 것을 앗아갈 수도 있다. 최근에 공연장에 가 본 적이 있는가? 요즘에는 가만히 앉아 공연을 즐기는 사람이 거의 없다. 다들 동영상을 찍고 있다. 나중을 위해 순간을 붙들고 있다. 그러나 과연 그 나중이 존재할까? 많은 사람들이 공연을 눈이 아닌 스마트폰 디스플레이를 통해 보고 있다. 하지만 스마트폰을 통해 보면 음악은 심장으로, 영혼으로 전해지지 않는다. 그것으로 우리가 닿을 수 있는 것은 팔로워들뿐이다. 스마트폰으로 인해 순간에 집중할 수 없게 되는 것이다.

지극히 개인적인 순간의 마법도 사진을 소셜미디어에 올리는 순간 사라지고 만다. '좋아요'를 향한 욕심이 혼자서만 순간을 간직하려는 마음을 이기고 마는 것이다. 요즘은 샤워를 하면서도, 심지어 잠수를 할 때도 스마트폰을 가지고 갈 수 있다. 이게 무슨 일인가? 샤워를 하면서 피부에 닿는 물의 감촉도 느낄 여유가 없는가? 샤워하는 순간에도 포스팅을 해야 하는가? 팔로워들이 내 포스팅에 어떤 댓글을 달았는지 확인해야 하는가? 아니면 어떤 재수 없는 사람이 단 악플에 화가 나서 하루를 망쳐야 하는가?

어린 시절을 돌아보면 나는 부모님의 관심을 무제한으로 받을 수 있어 행복했다. 놀 때는 온 가족이 다 놀았다. 내가 놀이터에서 놀면 부모님은 그 시간 내내 나만 쳐다봤다. 집에서 엄마가 누군가와 통화를 하기만 해도 나는 샘이 나서 툴툴거렸다.

식당에 마주 앉은 상대가 내내 휴대전화만 보고 있다면 기분이 어떻 겠는가? 몸은 함께 있어도 관심은 딴 곳에 팔려 있다면? 부모의 그런 태도가 아이들에게 어떤 영향을 미칠까? 너무 걱정스럽다.

물론 나도 휴대전화를 이동하는 사무실로 쓰는 사람이라서 아이들 과 함께 있는 시간에도 전화가 오면 받아야 하고 문자가 오면 답을 해 야 한다. 다만 중도가 필요하다. 항상 자신이 스마트폰을 너무 오래 붙 들고 있지는 않은지 주의 깊게 관찰하자.

나를 일으켜 세운 한 문장

- 아이들과 함께 있을 때는 휴대전화 사용을 최대한 줄인다. 꼭 필요한 통화와 문자 이외에는 절대 사용하지 않는다.
- 주말 나들이에는 휴대전화가 한 대만 있으면 된다. 내 것은 두고 가자.
- 일몰 사진은 굳이 당신이 보태지 않아도 넘쳐난다. 그 순간을 즐겨라.

당신의 문장을 적어보세요.

다들 그렇게 산다는 말은 하나도 위로가 되지 않아

마음을 콩밭으로 보내는 기술

"막스!" 이층을 향해 고함을 친다.

대답이 없다.

"마아아악스!"

여전히 무반응.

"마아아아아아아아아아아아아아아아악스!"

나는 아이의 이름을 한 번 더 부른 후 최후통첩을 날린다.

"셋까지 센다."

"엄마 왜?" 저쪽 구석에서 아이가 툭 튀어나오며 묻는다. 헤드폰을 끼고 있었던 사람처럼 눈이 휘둥그렇다.

"왜 대답 안 해? 불렀잖아."

"못 들었어요. 코코넛 용이랑 놀고 있었어요."

그럴 때마다 나는 진심으로 아이에게 사과한다. 코코넛 용이랑 논다는 말은 책을 읽었다는 뜻이다. 아이가 자신만의 세상에 있었다는 말이다. 그런데도 나는 아무것도 모른 채 아이가 내 말을 듣고도 대답을 하지 않는다고 지레짐작하고 아이를 상상의 세상에서 폭력적으로 확 끌어낸 것이다.

큰아이는 다른 세상에 푹 빠지는 재주가 있다. 흔히 이런 유형을 '몽상가'라고 부르지만 어쩐지 부정적인 뜻이 들어 있는 것 같아서 이 표현을 좋아하지 않는다. 물론 녀석의 몽상이 가끔은 나를 화나게 만들지만 말이다.

"아들, 엄마 심부름 좀 해줄래? 가게 가서 우유 좀 사와."

"으응."

5분 후.

"아들, 우유 어디 있어?"

"응? 내가 그걸 어떻게 알아?"

숙제할 때도 마찬가지다.

"막스, 10분만 집중해. 10분이면 할 수 있어."

"뭘 해요?"

"수학 숙제."

"아. 네."

10분 후 숙제를 다했나 보러 아이 방으로 들어간다. 아이는 책상에 앉아 벽을 뚫어져라 쳐다보고 있다.

"다했니?"

"뭘요?"

"아이고, 막스. 수학 숙제 말이야."

"수학 숙제가 있어요? 근데 엄마 도둑은 누가 발명했어요?"

이쯤에서 아이의 호기심은 절대로 꺾으면 안 된다는 말을 할 수도 있을 것이다. 하지만 내가 하고 싶은 말은 그게 아니다. 수학에 대한 아이의 시들한 관심이 내가 물려준 유전자 때문이라는 말이 하고 싶은 것도 아니다. 현실을 떠나 저 멀리로 날아갈 수 있는 기술, 마음을 콩밭으로 보내는 기술, 멍 때리기 기술, 그 상상의 나래에 대해 말하려는 것이다.

그렇게 정신이 딴 데 가 있으면 집중력이 떨어지지 않을까? 그런 걱정은 근거가 없다. 몇 번을 불러도 코코넛 용하고 노느라 내 목소리를 듣지 못하는 것이야말로 초고도 집중력의 증거가 아닐까? 아이의 행동을 꼭 수학 숙제에 집중하는 능력에 따라 판단해야 하는 것일까?

어쨌거나 마음을 콩밭으로 보내는 기술은 많은 상황에서 내게 큰 도움이 됐다.

"여기 이게 비상용 버튼이에요. 도저히 못 참겠다 싶으면 누르세요. 하지만 마구 누르면 안 됩니다. 버튼을 누르면 처음부터 다시 시작해야 하거든요."

MRI 검사는 의사의 이런 말로 시작됐다. 좁은 관 속에 똑바로 누워서 꼼짝도 못 하고 숨도 크게 못 쉬고 족히 25분은 누워 있어야 했다. 그것도 모자라 소음 방지용 헤드폰까지 뒤집어썼다. 그런 상황에서 잠시나마 공포를 안 느꼈다면 그건 거짓말이다. 작은 공간에 붙들려 숨도 못 쉬고 겁도 나고 깜깜하고….

그래서 나는 우리 아들을 따라서 생각의 힘을 빌리기로 마음먹었다. 관 속에 누워 상상의 나래를 펼쳤다. 나는 지금 테크노 페스티벌에 와서 춤을 추고 있다. 그런데 사람이 너무 많아서 움직일 수가 없다. 하는 수 없이 가만히 서서 비트를 즐기는 중이다. 물론 테크노는 내 취향이 아니다. 하지만 좁은 MRI 기계도 내 취향은 아니다. 그래서 계속 나를 설득했다. '이렇게 좁은 데 서서 아무것도 못할 때는 다음 주에 무엇을 해먹을까 고민해보는 거야. 멋진 테크노 음악을 들으면서.'

"나는 지금 꽃이 핀 들판을 걸어가고 있어."

당신이 믿건 말건 신기하게도 방법이 통했다. 두려움이 사라지고 상상한 일들이 머릿속으로 밀려와 자리를 잡으면서 마음이 편안해졌다. 통증을 견뎌야 할 때도 이 방법으로 톡톡히 효과를 보았다. 진짜 괴로운 농양 배액술 때도 그랬다.

이제 곧 엄청나게 긴 관을 내 몸에서 끌어낼 것이라는 느낌이 들자 나는 이렇게 상상하기 시작했다. '나는 지금 꽃이 활짝 핀 들판을 걸어가고 있다. 아, 조심, 이곳에는 엉겅퀴도 많다. 잘못하다 건드리면 손가락을 찌른다. 아야! 얼른 손을 떼고 다시 걸어간다.' 이런 식으로 통증이 올 때마다 엉겅퀴를 떠올렸더니 의외로 아픔을 참는 데 많은 도움이 됐다.

그러나 안타깝게도 이 기술은 내가 직접 통증을 느낄 때에만 통한다. 아파하는 아이를 지켜봐야 하는 엄마의 고통이 얼마나 큰지 나도 겪어봐서 잘 안다. 둘째 콘스탄틴이 돌이 채 안 돼서 연쇄상구균 균혈증에 걸려 병원에 입원했다. 생명이 위험한 정도는 아니었지만 상태가 심각했다. 항생제를 링거로 투여했는데 아이가 열 경기를 일으키면서 주사바늘을 쥐어 뜯어버렸다. 그런데 그런 아기는 혈관을 찾는 게 쉽지 않다.

간호사가 일곱 번째 바늘을 찔렀을 때 울다가 지친 아이가 까무러친 것처럼 조용해졌다. 나도 모르게 입에서 이런 말이 튀어나왔다. "한 번만 더 잘못 찌르면 바늘로 당신 눈을 찔러버릴 거야." 아이가 울어 젖히는데 그냥 옆에 가만히 서 있을 수밖에 없던 그 시간 내내, 얼마나 내 팔뚝을 꽉 쥐었던지 피가 배어 나올 정도였다.

그 순간 깨달았다. 내가 아픈 건 차라리 고마운 일이다. 아이가 아픈 것은 몇 십 배 더 괴롭다. 지금도 아이와 함께 힘든 시간을 보내고 있을 세상 모든 부모에게 나는 진심으로 존경을 표하고 싶다. 그들이 어떤 심정일지 말로는 다할 수 없을 것이다. 친구나 지인 중에 그런 가족이 있다면 절대 외면하지 말고 그들을 이해해주려 노력하라.

그런 가족의 행동이 이상하게 느껴지는 날들이 있을 것이다. 그들을 어떻게 대해야 할지 참 난감한 날들도 있을 것이다. 다만 나는 당시의 내가 얼마나 힘들었는지는 말해줄 수 있다. 친구가 전화를 걸어 "잠깐 들를까? 수다 좀 떨래?"라고 물었을 때 나는 그것도 좋은 생각이라고 확신했다. 하지만 5분 후 친구가 우리 집 초인종을 눌렀을 때 그를 보고 싶지 않았다. 예외 상황에 처한 사람들은 통념에 어긋나는 이상한 행동을 한다. 그래도 오해 마라. 절대 당신 때문이 아니다. 당신이 원한다면 그들 곁에 있어주고 관계의 끈을 끊어버리지 마라.

나를 일으켜 세운 한 문장

• 어쩔 도리가 없을 땐 눈을 질끈 감고 지나가자.

• 무슨 일이 있어도 병원에서 행패를 부리면 안 된다.

당신의 문장을 적어보세요.

_____

_____

_____

_____

_____

_____

_____

_____

_____

_____

_____

다들 그렇게 산다는 말은 하나도 위로가 되지 않아

하루 종일 거절의 말을 들은 날에는

어쩌다 글을 쓰게 됐지만, 이것 역시 운명의 장난이었다. 그전에 나는 지극히 평범한 직장인이었다. 10년 가까이 잡지사 광고 판매부에서 일했다. 내 명함에는 '광고 판매 관리자(Advertising Sales Director)'라고 적혀 있었다. 부끄러워할 직업은 아니지만 진정한 다시 일어서기의 달인이 아니고서는 견디기 힘든 직업이기도 했다.

그나마 운이 좋아서 정말 괜찮은 잡지를 맡아서 팔았지만 다들 알다시피 요즘 잡지 시장이란 것이 수익이 많이 나는 분야는 아니다. 그러다 보니 매출 목표액을 달성하는 것이 여간 힘들지 않았다. 한 번의 승낙을 받기 위해 거짓말 보태지 않고 오 백 번도 더 "아니요."라는 거절을 들을 때도 있었다. 그 매번의 "아니요."는 모두가 실패였다.

그리고 나처럼 하루에도 수없이 많은 실패를 겪다 보면 정말이지 다시 일어서기가 올림픽 금메달 따기보다 더 힘이 든다. 그러나 그대로 못 일어나고 드러누워 있으면 그 직장을 다닐 수 없다. 어떻게 나는 지친 내 어깨를 다독여 다시 전화기를 들 수 있었을까? 그것도 짜증 한

톨 섞이지 않은 친절하고 믿음직한 목소리로 말이다. 고객과 통화를 할 때는 친절한 목소리가 필수다. 아무리 전화라고 해도 고객은 영업직원의 마음 상태를 금방 알아차린다.

방법은 페이드아웃과 포커스다. 과거를 지우고 지금 여기에 집중하는 것이다. 그러니까 매 통화마다 오늘의 첫 통화인 것처럼 다시 시작해야 한다. 처음부터 끝까지 첫 통화라고 생각해야 한다. 밀러 고객님은 슈미츠 고객님과 마이어 고객님이 나한테 거절 의사를 밝혔다는 사실을 전혀 눈치채지 못해야 한다. 어떻게 그럴 수 있을까?

가장 중요한 것은 확신이다. 당신이 판매하는 물건, 당신이 하는 행동에 확신을 가져야 한다. 당신이 파는 물건이 고객에게 딱 맞는 것이라는 확신이 있어야 한다. 그럼 당신의 행위는 판매가 아니라 고객에게 베푸는 호의가 된다. 당신의 제품이 고객의 마음을 울릴 테니 말이다. 그런 확신이 있으면 거절도 다르게 해석할 수 있다.

영업 교육을 받을 때 거절에 대처하는 전형적인 반박의 논리들을 달달 외웠다. 그 논리들이 일하는 데 튼튼한 밑바탕이 돼준 것은 사실이다. 하지만 영업에서 진짜로 중요한 것은 경청이다. 적극적 경청이다. "당신이 무슨 말을 할 건지 다 알아."라는 식의 태도는 옳지 않다. 성실하게 귀 기울여서 고객이 무슨 말을 하려는 것인지 파악해야 한다. 이는 내 경험이 입증한다. 고객의 말 속에 당신의 판매 논리가 숨어 있다. 대부분이 그렇다. 경청을 하면 좋은 점이 또 있다. 고객을 이해하면 고객이 원하는 것이 무엇인지 알게 된다. 고객에게 딱 맞는 한 통의 맞춤 전화로 바로 '예스'를 얻어낼 수 있다.

당시 회사는 내게 세 권의 잡지 광고를 맡기면서 고객명단과 통화내역을 작성한 엑셀 도표를 같이 넘겨주었다. 마우스를 한 번만 클릭하면 언제 몇 통의 전화를 했고 성공률이 몇 퍼센트인지 한눈에 알 수 있었다. 나는 그 리스트를 싹 무시했다. 왜 그랬을까?

나라면 그런 도표를 작성할 시간에 전화를 한 통 더 할 것이다. 그 도표는 "난 할 만큼 다했어."라는 변명에 불과했다. 영업팀의 수동적 자세를 입증한 증거였다. 무작위로 번호를 눌러 통화를 해놓고 "봐. 난 손가락 휘어지게 전화를 돌렸어. 하지만 다 딱지 맞았으니 하는 수 없지."라고 말하는 것과 다르지 않았다. 물론 맞는 말일지도 모른다. 하지만 내가 보기에는 중요한 것이 빠졌다. 바로 초점이다. 얼마나 많은 전화를 했느냐가 관건이 아니다. 제대로 했느냐가 중요하다.

어떤 고객이 당신에게 크리스마스 시즌에는 광고 안 해도 장사가 잘된다고 말했다면 다음 해부터는 그 시즌에 그 고객에게 전화할 필요가 없다. 그런 소중한 정보를 얻었다면 고객의 거절은 거절이 아니라 계약 시점의 연기다. 당신은 주문을 따지 못한 그 통화를 허탕이라고 해석하지 않아도 된다. 그 통화는 실패가 아니라 리셋 버튼이다. 웃는 표정이 예쁘게 그려진 버튼.

그럴 때 상사가 다가와서 "한 건 올렸어?" 하고 물으면 나는 "아니요."라고 말하지 않을 것이다. "이번 호는 아니고요, 다음 호에 하실 거예요."라고 대답할 것이다.

나를 일으켜 세운 한 문장

• 모든 전화를 별개로 생각하라.

• 방금 전의 통화는 잊어버리고 다음 통화는 아직 생각하지 마라.

마지막 규칙은 어디서 많이 들어본 것 같지 않은가? 맞다. 카르페 디엠(Carpe diem)! 지금 이 순간에 충실하라. 너무 많이 들어서 오히려 잊고 살기 쉽지만 인생에서 가장 중요한 규칙이다.

당신의 문장을 적어보세요.

_____

_____

_____

_____

_____

_____

_____

다들 그렇게 산다는 말은 하나도 위로가 되지 않아

아무 일 없었던 예전으로 돌아갈 순 없겠지만

　다들 살면서 아픈 경험이 있을 것이다. 어린 시절이 힘들었던 사람도 있을 것이고 슬픈 이별을 한 사람도 있을 것이며 소중한 것을 잃은 사람도 있을 것이다. 사람마다 다 다르겠지만 모두 잊을 수 없는 아픈 기억이 있다. 그리고 아무리 작은 것이라고 해도 그 일이 자존감을 할퀼 수 있다.

　"엄마. 안 들어갈 것 같아요." 뒷좌석의 아들이 경고를 했다.

　"아들, 어서 커서 운전면허나 따시지." 나는 아들의 경고를 농담으로 얼버무렸다.

　아이들을 태우고 신발을 사러 가는 길이었다. 처음 가는 곳이라 주차할 곳을 찾다가 표지판을 보고 차를 그곳으로 밀어 넣었다. 내 눈에도 폭이 좀 좁다 싶었지만 설마 차가 들어가지 않는 곳에 주차 표지판을 세웠을까 싶어서 일단 넣어보기로 했는데, 으윽 정말로 듣기 괴로운 소리가 귓전을 때렸다. 와장창. 빙산에 부딪힌 타이타닉호도 아니고, 이 무슨 굉음이란 말인가? 며칠 전에 리스한 새 차가 흰 담벼락과 아주 거

칠게 뽀뽀를 해버렸다.

나는 2001년부터 운전을 했지만 한 번도 새 차를 몰아본 적이 없었다. 늘 중고 일본차만 타고 다녔는데 그동안 한 번도 이런 일이 없었다. 모처럼 큰마음 먹고 새 차를 장만했는데 타자마자 이런 일이라니.

막스가 한마디 더 보탰다. "엄마. 난 아무 말도 하지 않겠어."

"그게 나을 거다."

물론 이럴 때는 앞서 배운 규칙을 써먹으면 된다. 어차피 일어난 일이다. 숨을 크게 들이쉬고 마음을 가라앉혀라. 하지만 자고로 규칙이란 깨라고 있는 것이다. 그 당시 내 입에서 튀어나온 말들을 차마 여기다 적을 수는 없다. 어차피 심한 쾰른 사투리가 섞여 있어서 적어봤자 편집자가 싹 삭제해버릴 것이다. 어쨌거나 그 순간 불끈 짜증이 치솟았다. 당신은 태평하게 이렇게 충고할지도 모르겠다. "내 차도 아니고 리스한 건데 무슨 걱정이에요? 보험 처리하면 되지." 지당하신 말씀이다. 그래도 짜증이 났다. 짜증이 나는 건 어쩔 수 없었다.

10년 넘게 무사고 운전을 자랑하던 내가 이 무슨 창피인가. 벽에다 차를 박다니, 그것도 쉽디 쉬운 후진주차를 하다가. 그래서 어떻게 됐냐고? 한동안 나는 주차를 할 때마다 불안에 떨었다. 평소 눈썰미가 상당했던 내가 그 작은 실패에 주눅이 들어 자신감을 잃었다. 꽤 오랫동안 좁은 자리에는 아예 차를 세울 엄두를 내지 못했고 벽 쪽으로는 고개도 돌리지 않았다.

이 사건이야말로 실패가 우리에게 어떤 영향을 미치는지 보여주는 좋은 사례다. 더 정확하게 말하면 실패가 우리의 생각에 미치는 영향일 것이다. 주변 사람들은 한결같이 나를 위로했다. "나도 그랬어." 혹은 "뭐 그런 걸 갖고 그래. 그런 사고 안 내는 사람 있어?"라는 말로. 하지만 그런 말도 전혀 위로가 되지 않았다.

어제의 아픔과 내일의 걱정은 오늘 아무 도움이 안 된다. 어제 나는 벽을 들이받았다. 오늘 나는 카센터에 가고 리스 회사에 전화를 걸고 보험 회사에도 전화를 건다. 그리고 내일 같은 일을 저지를까봐 걱정을 한다.

그래도 이 정도쯤이야 무슨 대수인가. 생사가 달린 일도 아닌데. 기껏해야 자동차인데.

어제의 아픔과 내일의 걱정

병원에 가면서 처음으로 마음이 편했다. 오늘은 기분 좋게 병원을 나올 것이라고 예상했다. 항암센터의 마지막 예약일이었다. 항암과 유방 절제술, 방사선 치료를 다 마치고 담당 의사를 마지막으로 만나러 가는 길이었다. 순진한 나는 의사 입에서 이런 말이 나올 것이라 기대했다.

"치료가 이보다 잘될 수는 없어요. 정말 잘 견디셨습니다. 이제 완전히 다 나았으니까 앞으로 재미있게 사세요. 두 번 다시 보지 맙시다."

그래서 나와 달리 표정이 밝지 않은 엄마가 이상하다고 생각하며 가벼운 걸음으로 진료실로 들어갔다.

나는 그날의 대화를 그대로 옮길 수 없다. 1분도 채 지나지 않아 내 머리의 스위치가 꺼져버렸기 때문이다.

"배 위쪽에 통증이 있거든··· 간으로 전이가 될 수도··· 뼈에 통증이··· 위험하고···." 당장 일어나 밖으로 뛰쳐나가고 싶은 마음을 간신히 참고 있었다.

"선생님, 그냥 하시는 말씀이시죠? 그럴 가능성은 희박한 거죠?" 엄마가 물었다.

"물론입니다. 치료는 잘됐어요. 하지만 아무리 가능성이 낮아도 설명을 해드려야 하니까요."

젖은 눈으로 고개를 푹 숙인 채 우리는 진료실을 나왔다. 다시 일어서기까지 며칠이 걸렸다. 우리 엄마는 병원에서 일을 했기 때문에 그런 식의 설명에 익숙했다. 하지만 나는 충격이었다. 유방암의 재발 위험은 잘 알고 있었지만 굳이 내 귀로 듣고 싶지는 않았다. 이번에도 역시나 어제의 아픔이 나를 짓눌렀다.

유방암 진단으로 내 세상은 산산조각이 났다. 그 무엇도 예전 같지 않았다. 사실 근심 걱정이 없는 날이 며칠이나 되겠는가? 아무리 그래도 미래가 어두운 구름에 휩싸였다면 어떻게 내일 아침 눈을 뜨고 일어나겠는가? 어떻게 단 하루라도 마음껏 즐길 수 있겠는가? 편안하게, 행복하게, 걱정 없이.

그래서 나는 나를 일으켜 세울 한 문장을 찾아 나섰다. 이번에는 전문가의 도움을 받았다. 정말로 훌륭한 심리치료는 조언이나 충고가 아니다. 다정하게 이끌어주는 손길이다. 그 과정에서 내가 무엇을 배웠는지는 나중에 알려주겠다. 일단은 당신의 이야기부터 들어보고 싶다.

ㄱ 당신의 문장을 적어보세요.

ㄱ _____
_____

ㄱ _____
_____

ㄱ _____
_____

ㄱ _____
_____

ㄱ _____
_____

ㄱ _____
_____

ㄱ _____
_____

ㄱ _____
_____

ㄱ

모든 비판에 귀 기울일 필요는 없다

나와 같이 낭독회에 참석했던 친한 작가가 이런 충고를 했다.

"너에 대해 쓴 댓글은 읽지 마."

"안 읽어. 당연히 안 읽지." 나는 자신 없는 표정으로 씩 웃으며 대답했다.

"넌 읽은 거야?"

"읽었지. 아무리 마음을 다져도 악플은 정말 괴로워."

"그래? 난 사흘이면 눈물이 싹 마르던데?" 내가 웃으며 농담을 던졌다. 그렇다. 아무 말이나 귀 기울여 듣고 아무에게나 마음을 줘서는 안 된다.

당신이 직장에서 중요한 프레젠테이션을 했다고 하자. 100명이 조금 넘는 동료들을 앞에 두고 멋지게 발표를 했다. 스스로 생각해도 성공적이었고 동료들도 박수갈채를 보냈다. 그런데 잠시 후 복도를 지나다가 두 명의 동료가 주고받는 이야기를 들었다.

"아까 발표 잘하더라. 근데 그 사람은 하는 농담이 만날 똑같아. 웃기

다들 그렇게 산다는 말은 하나도 위로가 되지 않아

지도 않는데.”

“맞아. 나도 그렇게 생각했는데.”

머릿속을 떠나지 않는 한마디

이제 당신 기분이 어떨까? 가슴에 손을 얹고 솔직히 대답해보라. 앞으로도 그 농담―당신은 그들이 말한 농담이 무엇인지 정확히 알고 있다. 그동안 재미있다고 굳게 믿었으니까―을 계속 써먹을 수 있겠는가? 바로 이것이 내가 말하고자 하는 포인트다. 비판은 우리를 힘들게 한다. 불안을 조장한다. 당신의 농담을 비판한 사람은 100명 중 2명이었다. 나는 수학이라면 젬병이지만 확률적으로 봐도 정말 낮은 비율이다. 하지만 당신은 그 말을 들어버렸고, 그 말이 머릿속을 떠나지 않는다. 당신의 농담을 좋아한 98명의 동료는 잊어버린다. 초점은 농담을 크게 좋아하지 않은 한두 명에게 맞춰진다.

누구의 말에 귀를 기울일지 잘 생각하라. 이 말은 누구에게 귀를 열 것인지 미리 선택해야 한다는 뜻이다. 내 친구가 댓글을 읽지 말라는 충고를 한 이유도 그 때문이다. 나는 익명의 비판을 잘 견디지 못한다. 건설적인 비판도 마찬가지다. 하지만 비판이 아무리 호돼도 내게 호의를 품은 사람의 입에서 나온 말이라면 괜찮다.

출판사의 담당 편집자가 “원고가 아주 좋아요.”라면서 쪽당 400군데 수정 요청을 해와도 그건 나를 앞으로 나아가게 만드는 비판이다. 완벽한 인간은 없다. 누구나 실수를 한다. 당연히 비판을 수용할 수 있어야 한다. 하지만 모든 비판을 수용할 필요는 없다. 내게 중요한 사람, 나를 앞으로 나가게 도와주려는 사람의 비판일 때만 인정하고 받아들여야 한다.

다른 모든 비판은 우리를 실패로 이끌 뿐이다. 우리의 힘을 빼고 직관을 흐린다. 발표를 마친 직후 당신은 직관적으로 성공적이었다고 판단했다. 그리고 당신을 험담한 그 두 명의 동료는 통계적으로 볼 때 정말 미미한 숫자다. 나머지 동료들은 프레젠테이션을 긍정적으로 평가했다.

예전에 텔레비전에 출연한 후에 궁금함을 이기지 못하고 페이스북 댓글을 본 적이 있었다. 어땠을까? 100개의 칭찬 댓글은 눈에 안 들어왔다. 내 눈에 들어온 것은 딱 하나의 댓글이었다. "순발력보다 다이어트 강의가 더 어울릴 듯."(봐라. 지금까지 한 글자도 빼먹지 않고 기억하고 있다.) 나의 아킬레스건을 건드린 치명적인 댓글이었다. 보지 않았더라면 얼마나 좋았을까? 방송을 잘했다고 스스로 흡족하던 참이었는데 말이다.

물론 나는 다 털고 일어섰다. 그래도 잊지는 못했다. 마음 한구석이 찝찝했다. "말도 안 되는 댓글"이라고 동료가 위로해줬지만 정말 다이어트 강의가 제격일까 고민했다.

악플과 비난은 우리의 발목을 붙들어 가능성의 날개를 펼치지 못하게 만든다. 당신의 이름과 얼굴이 알려질수록 비난하는 사람도 늘어난다. 당신을 아는 사람이 100명이면 2퍼센트가 2명밖에 안 되지만 1,000명이면 2퍼센트라고 해도 벌써 20명이나 된다.

다들 그렇게 산다는 말은 하나도 위로가 되지 않아

나를 일으켜 세운 한 문장

• 안 듣고 안 본다.
• 공을 가진 자만 공격당한다.

오늘은 이랬다 내일은 저랬다

"이게 뭐야? 또 1이야."

"하하하, 엄마는 던졌다 하면 1이야."

다시 던졌다. 이번에도 1이다.

"으윽, 6이 필요해. 6."

우리 가족은 추억의 뱀 주사위 놀이를 하는 중이다.

마침내 그토록 고대하던 6이 나왔다. 하필이면 1이 필요한 때에. 6이 나와 말이 주르륵 뱀을 타고 미끄러진다.

"아이고, 1이 나와야지, 1이. 왜 6이 나와?"

나를 일으켜 세운 한 문장

• 욕망은 바뀐다.

• 몇 분 만에 바뀔 수도 있다.

다들 그렇게 산다는 말은 하나도 위로가 되지 않아

앞에서 소개한 내 친구 마리아를 기억하는가? 나와 같은 병에 걸렸다던 그 친구 말이다. 다행히 지금은 아주 좋아졌다. 마리아는 이탈리아 사람이고 착실한 가톨릭 신자다. 그래서 어려울 때마다 신에게서 위안과 힘을 얻는다. 병에 걸렸을 때도 신에게 많이 의지했다. 하지만 나는 그럴 수 없었다.

물론 나도 종교가 없는 것은 아니다. 어릴 적에 성당에서 세례를 받았다. 하지만 자라면서 기존 종교의 여러 가지 행태들이 마음에 들지 않았기 때문에 내 방식의 믿음을 만들었다. 나는 우리보다 높은 존재를 믿는다. 내세도 믿는다. 할머니의 임종을 지켜보며 내세를 믿게 됐고 나아가 저 높은 곳에 계신 존재를 문득 깨달았다.

우리 가족 역시 각자의 방식대로 신앙생활을 한다. 그래서 일요일마다 성당에 가지는 않지만 자주 초를 밝힌다. 할머니가 돌아가셨을 때 마음이 무척 아팠다. 평생 꽃길을 걷지 못했던 여인, 뼈 빠지게 일만 했고 늘 무거운 짐을 지고 사셨던 분이 노후에 아름답게 늙지도 못하셨다. 내가 생각하는 '아름다운 노년'은 먹고 싶은 것 마음껏 먹고 흔들의자에 앉아 손주들 재롱이나 보며 편히 지내는 것이다.

할머니는 치매에 걸려서 증손자 막스를 알아보지도 못했다. 자주 막스와 나를 헷갈렸고 기력도 없었다. 자존심 강한 할머니에게는 어쩌면 허약한 심장이 축복이었는지도 모르겠다. 할머니가 돌아가신 후 나는 저 위에 계신 할머니와 자주 대화를 나눴다. 신이 아니라 할머니께 우리 가족을, 우리 아이들을 보살펴 달라고 기도했다.

그러다 암 진단을 받고 나자 나는 무척 화가 났다. 달리 표현할 수가 없다. 화가 났다는 표현이 제일 정확할 것이다. 할머니는 살아생전 나를 위해서라면 무엇이든 다 해주셨다. 그런 할머니가 저 위에 가서는 어떻게 내가 이 지경이 되도록 내버려뒀단 말인가? 나는 할머니에게 화를 냈고 할머니의 대답을 들었다. "아가. 내가 막을 수 있었는데 내버려뒀겠니? 그렇게 생각하지 마라. 막을 수는 없었지만 다시 좋아지게 보살필 것이야. 약속해." 그래도 나는 화가 났다. 너무 실망해서 할머니의 무덤도 찾아갈 수 없었다.

괜찮아, 기도해도 돼

암 진단을 받은 후에는 초도 켜지 않았고 기도도 하지 않았다. 당연히 성당에는 발걸음조차 하지 않았다. 내가 아는 여성 암 환우들이 세상을 뜰 때마다 점점 더 마음의 문을 닫았다. 신이 있다면 저런 일을 허락할 리 없다. 신이 있다면 어떻게 어린아이에게서 엄마를 빼앗아간단 말인가?

지금도 이 질문에 대한 대답을 나는 알지 못한다. 지금도 나는 성당에 자주 가는 사람이 아니다. 하지만 마음을 바꾸게 된 결정적인 전환점이 있었다.

"절대 안 돼!" 내가 말했다.

"왜 안 돼? 남편이 물었다.

"간단해. 그들의 행태가 마음에 안 드니까. 그런 곳에 우리 애를 보내고 싶지 않아."

"하지만 세례를 받았잖아." 남편은 아들의 첫 영성체를 신청하자고 나를 설득하는 중이었다.

"그랬지. 왜 그랬을까? 여보. 교회는 너무 많은 피를 흘렸어. 여성이나 동성애자에게 어떻게 했는지 생각해봐. 지금도 여전하고. 당신은 그들의 생각을 지지할 수 있어?"

"아니지, 당연히 아니야. 하지만 다르게 볼 수도 있잖아. 어릴 적에 성당에 다닐 때 나는 정말 재미있었어. 협동심도 배웠고 위안도 얻었고. 아이가 어떤 길을 갈지는 아이에게 맡겨야 하겠지만 적어도 선택할 기회는 줘야 하지 않을까? 나는 그렇게 생각해."

남편의 말이 옳았다. 나는 패배를 인정하고 첫 부모교육에는 따라가겠다고 말했다. 뜻밖에도 교육을 이끈 강사가 여성이어서 반가웠다. 아직도 여성 차별이 심한 가톨릭교회에서는 이 정도도 당연한 일이 아니다. 더구나 그는 대단히 멋진 사람이었다. 영성체 준비 과정에서 아이들에게 어떤 교육을 시킬지, 어디에 중점을 둘지 솔직하면서도 차분하게 설명했다. 팔짱을 끼고 다리를 꼰 채 어디 한번 들어나 보자 했던 닫힌 마음이 덕분에 서서히 풀어졌다.

"그럼 마지막으로 본당으로 들어가서 우리 아이들을 위해 기도를 올리도록 하겠습니다." 그가 말했다.

'고맙지만 관심 없어. 기도는 무슨.' 나는 그렇게 생각했다.

하지만 한 사람도 자리를 뜨지 않고 본당으로 향했고 또 아이들을 위한 것이라니 나도 주춤거리며 따라갔다. 본당 안은 컴컴했다. 제단으로 가는 길을 따라 초를 쭉 밝혀뒀다. 잔잔한 음악까지 깔린 그곳은 너무나 아름다웠다. 이날 목격한 광경은 평생 잊지 못할 것이다. 우리는 앞으로 걸어가서 아이들을 위해 소리 내어 기도를 올렸다.

정직하게 말하면 나는 소리 내어 기도하지 못했다. 그럴 수가 없었다. 와르르 담이 무너졌기 때문이다. 오랫동안 억눌렀던 감정이 이곳에서 터진 기분이었다. 마음이 속삭였다. '괜찮아. 괜찮아. 교회에 반감이 있어도 괜찮아. 기도해도 돼.'

다른 사람들이 어떻게 믿음에서 위안을 찾는지 그날은 이해가 됐다. 그냥 그것을 허용하기 때문이다. 나도 허용했다. 적어도 그날 밤에는.

"영성체 신청하자." 집으로 돌아오면서 내가 남편에게 던진 말은 이 한마디뿐이었다.

교회에 한 번 더 기회를 주자고 마음먹었다. 물론 생각처럼 간단하지는 않았다. 마음이 널뛰기를 했고 수도 없이 시험대를 오르내렸다. 대부분 일요일 미사 때였다. 안타깝지만 나는 지금도 교회가 이중 잣대를 휘두르는 표리부동한 기관이라고 생각한다. 설교 내용이 현실이 된다면 얼마나 좋을까? 설교를 듣다가 너무 화가 나서 벌떡 일어나 나가고 싶을 때가 한두 번이 아니었다. 설교 내용이 옳지 않다고 생각했기 때문이다. 어느 날인가는 불의를 보면 목소리를 높이라는 내용의 설교를 들었다. 나는 남편에게 속삭였다.

"지금 내가 목소리를 높여야 할까?"

"하지 마."

"왜? 지금 불의를 보았는데?

미사 때마다 그랬다. 나에게는 모든 날이 인내심 시험과도 같았다.

아예 귀를 닫고 딴생각을 할 때도 많았다. 하루는 내 고민을 들은 친구가 조용히 말했다. "지금 네가 교회에서 목격하는 모든 불의는 다 인간이 한 짓이야. 신의 뜻이 아니라고. 그렇게 생각을 고쳐먹으면 아무리 나쁜 상황에서도 좋은 점을 골라낼 수 있어." 진흙 속의 진주 찾기, 그것이야말로 나의 특기가 아닌가. 친구의 말이 옳았다.

설교도, 말씀도, 심지어 성경도 다 인간이 만든 것이다. 그리고 인간은 실수를 저지른다. 그날부터 나는 거슬리는 것에는 눈을 질끈 감았고 마음에 드는 것만 골라서 보았다. 그러자 정말로 문제가 사라졌다. 비판적 자세는 잃지 않았지만 성당이 편안해졌다.

> ### 나를 일으켜 세운 한 문장
>
> • 이미 쳐낸 가지에도 기회를 줘라.
>
> • 입맛은 바뀐다. 어릴 땐 치커리라면 몸서리를 치지만 나이가 들어 그 쌉쌀한 맛을 알게 되면 치커리 팬이 된다.
>
> • 다 좋아하지 않아도 기댈 수 있다.

앞서 소개했다시피 막스의 영성체 파티는 성공적이었다. 아이는 내가 참견하지 않아도 나름의 방식으로 신앙에 접근했다. 아이들은 자기한테 좋은 것을 기가 막히게 아는 재주가 있다.

걱정은 사실과 일치하지 않는다.

걱정할 수는 있다. 하지만 걱정은 의무가 아니다.

걱정의 먹구름은 태양을 가린다. 구름을 멀리 보내버려라.

3

내가 가진 두려움을 일일이 적는다면
백과사전 한 권은 만들고도 남겠지

그들의 행성에 끌려가고 싶지 않아

"이 그림에 어울리지 않는 것은 무엇일까요?"

애들이 하는 게임 중에 이런 걸 찾는 게 있다.

당신은 그런 경험이 없는가? 이벤트나 행사에 갔다가 혼자만 옷이 이상해서 쥐구멍이라도 있으면 숨고 싶을 정도로 난감했던 기억 말이다.

스물네 살 때였다. 미디어 플래닝(media planning) 에이전시와 중요한 미팅이 있었다. 플래너들에게 우리 잡지의 홍보 효과를 알리기 위한 자리였다. 회사에 입사한 지 얼마 되지 않아서 이런 종류의 미팅은 처음이었다. 때는 8월, 그늘에 있어도 한증막에 들어간 듯 푹푹 쪘기 때문에 적당한 비즈니스룩을 찾기 힘들었다. 나는 흰 아마 바지에 아마 블라우스를 골랐다. 깨끗한 인상을 줄 수 있는 산뜻한 옷차림이라고 생각했고 지금도 그 생각에는 변함이 없다.

다만 아무도 내게 말해주지 않은 사실이 하나 있었다. 그 에이전시에는 확실한 드레스 코드가 있었다. 물론 그곳에서 일하는 사람들에게 해

당되는 사항이었지만 미리 알았더라면 옷을 선택하는 데 큰 도움이 됐을 것이다. 그 에이전시 사람들은 까만 옷만 입었다. 약간의 변화를 준다고 해도 옅은 깜장에서 완전 깜장을 오가는 수준이었다.

마침 일정이 점심식사를 곁들인 미팅이었다. 한번 상상해봐라. 우르르 쏟아져 나온 깜장 옷의 직원들 틈에서 눈처럼 하얀 옷을 입고 걷는 한 여자. 그야말로 군계일학이 아닌가. 사회 초년생이 그런 상황을 즐길 수 있을 만큼 내공이 있을 리 없었다. 나는 창피해서 죽을 것 같았고, 미팅은 그럭저럭 무사히 마쳤지만 가진 역량을 다 발휘하지는 못했다.

지금이었다면 전혀 다르게 대처했을 것이다. 알베르트 아인슈타인도 말했다. "튀지 않게 양떼에 섞이려면 먼저 양이 돼야 한다."

몇 년이 지난 뒤에도 그때 나와 만났던 플래너는 통화할 때마다 이렇게 말했다. "아, 그 하얀 여성 분." 덕분에 나는 확실한 고객을 확보했고 그의 기억에 오래오래 남았다.

자신의 마음을 믿는다는 것

몇 년 전 뮌헨에서 열린 '레이디스 이벤트'에 게스트로 초대받았다. 솔직히 나는 그런 자리에 있는 내 모습을 상상하기가 힘들다. 나는 꾸미고 차려입는 스타일이 아니기 때문이다. 나는 10센티미터 굽의 하이힐을 신고도 조금도 흐트러지지 않고 우아하게 걸을 수 있는 사람이 아니다. 맨발로 걸어도 걸핏하면 발을 접질리는 인간이다. 그래서 카니발

이 아니면 좀처럼 짙은 화장을 하거나 분장을 하는 법이 없다. 이유는 많지만 무엇보다 옷이 거추장스럽지 않아야 편하고 즐겁기 때문이다.

따라서 당신이 나를 직접 만날 일이 있다면 대부분 바지에 블라우스를 입고 납작한 신발을 신고 있을 것이다. 조금 더 신경을 썼다고 해도 재킷을 입은 정도다. 그 레이디스 이벤트 날도 다르지 않았다.

강연은 뮌헨 도심 한가운데에 자리 잡은 호텔에서 열렸다. 양복을 쫙 빼입은 사람이 문 앞에서 대기하고 있다가 손님들의 차를 주차시켜주는 그런 호텔 말이다. 홀에 들어서자 '진짜' 레이디들이 보였다. 그러니까 나를 게스트로 초대한 사람들 말이다. 두 명의 아름다운 여성이 잡지에서나 볼 법한 우아한 옷을 입고 하늘에 닿을 듯 높은 구두를 신고서 나를 쳐다보았다.

"어느 행사에 오셨는지…." 둘 중 하나가 정중하게 물었다.

"레이디스 이벤트요." 나도 친절하게 대답했다.

"아, 행사요원이신가 봐요. 저쪽에 모여 계시던데." 그가 한쪽을 가리키며 말했다.

"실망시켜드려 죄송하지만 저는 행사요원이 아니고 오늘 강연을 할 연사입니다."

짙은 화장에 가려 표정 변화는 읽을 수 없었지만 두 사람 다 놀라서 눈이 화등잔만 해졌다. 어쨌든 그날 강연 주제는 순발력이었으니 강연을 시작하기도 전에 순발력을 멋지게 선보인 셈이다.

행사장에는 120명의 레이디들이 참석했다. 모두가 똑같은 스타일이었다. 나만 안 어울리는 그림이었지만 이번에는 전혀 허둥거리지 않았다. 나는 화장을 하고 우아한 원피스를 입고 싶지 않다. 그것이면 이유는 충분하다. 멋지게 차려입은 그들을 비난하자는 것이 아니다. 그들은 그 차림으로 행복했을 것이다. 하지만 나는 다른 차림으로 편안함을 느낀다. 내가 그들을 나의 행성으로 끌고 가려 애쓰지 않듯 나 역시 그들의 행성에 끌려가고 싶지 않다. 그뿐이다.

나를 일으켜 세운 한 문장

• 자신의 마음을 믿고 자신에게 충실하라!

P.S. 어쨌든 그날의 강연, 그 자리에 오신 여성들, 그 오전의 몇 시간은 정말로 멋졌다.

당신의 문장을 적어보세요.

_____

_____

_____

_____

아무리 찾아봐도 답이 없네

"이거 다 아빠랑 같이 공부한 거잖아." 아버지가 믿을 수 없다는 표정으로 말했다.

"음. 그런가?" 나는 있지도 않은 수염을 쓰다듬듯 턱을 어루만지며 중얼거렸다.

"이해가 안 되네."

"아빠. 나도 그래. 싹 다 까먹어 버렸어."

아버지와 나는 식탁에 앉아 있었다. 1995년. 김나지움 7학년 때였다. 그동안 늘 수학 시험만 봤다 하면 이런 광경이 펼쳐졌다. 어제오늘 일이 아니었다.

조짐은 4학년 때부터 나타났다. "뮐러 씨가 아내에게 장미꽃 8송이를 사서 선물했어요. 장미꽃 가격은 16마르크예요. 그럼 장미꽃 한 송이는 얼마일까요?" 이런 문제가 적힌 시험지에 나는 이런 답을 적었다.

"화창한 일요일 아침에 뮐러 씨가 산책을 나갔어요. 꽃가게가 눈에 들어오자 생각했어요. '장미꽃을 사주면 아내가 좋아할 거야.' 그래서 꽃가게에 들어가 말했어요. '안녕하세요. 아내에게 줄 장미꽃 8송이를 사고 싶어요.' 뮐러 씨는 장미꽃을 사들고 집에 가서 아내에게 꽃을 건넸어요. 아내는 정말 기뻐했답니다."

끝. 정답도 계산도 없었다. 이해심 많은 우리 선생님은 시험지에 이렇게 적어주셨다. "정말 재미난 이야기구나. 그런데 아무리 찾아봐도 답이 없네." 때는 1992년이었다.

3년이 지나고 수학 문제는 달라졌지만 내 실력은 변함이 없었다. 신이 주신 수학 재능으로 건축설계사가 된 아버지는 딸의 수학 실력을 도저히 납득할 수 없었다.

"딸, 봐. 여기 이거, 딱 봐도 아니다 싶지 않아?" 아버지는 고개를 흔들면서도 다정한 말투로 다시 물었다.

"뭐가? 딱 봐도 모르겠는데."

부모님은 내 수학 공부를 위해 해보지 않은 일이 없었다. 과외도 시키고 학원도 보내고 캠프도 보냈다. 그러던 어느 날 부모님은 학부모 상담에 갔다가 선생님께 이런 말을 들었다. "수학 공부는 억지로 시키지 않는 게 좋겠어요. 수학을 못하는 대신 언어에는 남다른 재주가 있거든요. 그쪽으로 집중하는 게 좋을 것 같아요."

선생님 덕분에 나는 평화를 되찾았다. 수학 시간에는 즐거운 표정으로 딴생각을 했고 수학 시험 시간에는 시험지에 이름을 쓴 후 친구들이 문제를 다 풀 때까지 얌전히 기다렸다. 그러니까 엄밀히 말하면 나는 김나지움에 다니는 9년 내내 실패를 겪었다. 수학과 관련된 모든 성적이 실로 참혹했기 때문이다.

그럼에도 내가 수학 때문에 괴로웠다고 말한다면 그건 거짓말이다. 그냥 소중한 시간을 재능 없는 일에 허비해야 한다는 사실이 짜증스러웠을 뿐이다. 이건 지금도 마찬가지다.

감정의 방 청소하기

아이들에게 모든 과목을 잘할 필요 없다고, 또 그럴 수도 없다고 가르치는 학교가 있다면 얼마나 좋을까? 그렇다면 아이들은 학교 가는 게 즐거울 것이고 일찍부터 자신의 재능과 관심을 발견할 수 있을 테니 이 또한 멋진 일이다.

나중에 직업학교에서는 순수익 계산법 같은 실용적인 수학을 배웠다. 직업학교에서 배우는 수학은 실제로 써먹을 데가 있기 때문에 나는 신이 나서 계산을 했다. 놀라지 마라. 직업학교에서 내가 받은 상업수학 성적은 'A+'이다.

무엇이든 잘하는 천재는 많지 않다. 천재라는 칭찬을 듣는 사람은 많아도 실제로 다 잘하는 천재는 극히 드물다. 모든 것을 다 잘하는 사람, 혹시 당신은 아는가? 나는 모른다. 레오나르도 다빈치는 그런 천재일지도 모르겠다. 하지만 그는 내가 개인적으로 아는 사람은 아니다. 모두에게는 장점도 있고 약점도 있다. 정말로 내가 잘하는 것, 정말로 내 가슴을 뛰게 하는 것, 그것을 찾아내는 것이 인생의 기술이다.

다년간의 수학 참패에서 내가 배운 교훈은 바로 이것이다. 불을 끄고 스포트라이트를 비춰라. 우리는 방이 많은 큰 집에 산다. 어질러진 방에는 불을 끄고, 정돈이 잘된 깨끗한 방에는 불을 환하게 켜자.

타고난 능력의 방만 이렇게 하는 게 아니다. 감정의 방들도 마찬가지다. '두려움'과 '절망'의 방에는 청소를 위해 아주 가끔씩만 불을 켜자. 그때도 청소만 마치면 서둘러 불을 끄자. 그래도 그런 방이 있는 것은 어쩔 수 없다. 못마땅해도 그건 받아들여야 한다.

ㄱ   당신의 문장을 적어보세요.

걱정은 사실과 일치하지 않는다

생각은 자유다. 자유여서 좋기도 하지만 자유여서 유감스럽기도 하다. 우리의 발목을 붙드는 것도, 우리를 절망으로 몰아넣는 것도 바로 이 생각이기 때문이다.

"아무래도 뼈로 전이된 것 같아요." 나는 떨리는 목소리로 의사에게 말했다.

"왜 그런 생각을 하셨어요?" 의사가 묻는다.

"이틀 전부터 뼈가 아파요. 전이 맞죠?" 나는 겁에 질려 의사를 쳐다봤다.

"혹시 접질린 적 없어요?"

'헉! 있다! 접질렸어.' 전화를 하면서 끓는 물에 국수를 집어넣다가 '아, 삐끗했어.'라고 생각했던 기억이 아슴푸레 떠오른다.

"아, 뭐, 그럴지도 모르겠네요. 그렇지만 전이됐을 수도 있잖아요."

당연히 전이가 아니었다. 그냥 등 근육이 놀란 것이었다. 이것은 당해본 사람만 아는 공포. 암에 걸렸다 나은 사람에게는 두통이 그냥 두통이 아니고 기침이 그냥 기침이 아니다. 소소한 두통이나 기침도 무시무시한 의미를 띠게 된다.

"슈타우딩거 씨, 감기는 코 암이 아닙니다." 담당 의사는 다 이해한다는 표정을 지으면서도 정곡을 콕 찔러 말했다.

그래도 나는 한동안 전이의 공포에 시달렸다. 시간이 가면서 많이 나아지긴 했지만 공포가 아예 사라진 게 아니라 공포에 대처할 나름의 기술을 찾았다. 내가 찾은 해결의 열쇠는 내가 하는 생각이다. 걱정을 하고 말고는 내게 달렸다. 전이가 되고 말고는 내 소관이 아니다. 내가 아무리 걱정해도 막을 수 있는 일이 아니다. 그러나 생각은 자유다. 생각은 당신의 뜻대로다. 당신은 당신의 생각에 책임이 있다. 그러니 생각을 바꿔라.

걱정이 밀려올 때면 나는 걱정을 구름이라고 상상한다. 걱정의 구름이 쓰윽 밀려와 나의 생각을 가린다. 예전에는 이 구름을 받아들여야 한다고 생각했다. 그래서 면역력을 키워준다는 대체요법센터를 찾아가서 캐러웨이유를 당근즙과 함께 마셨고(우웩!) 강황 캡슐을 먹었으며(한번은 실수로 꽉 깨물었다가 토할 뻔했다.) 생강즙을 들이켰다. 암에 걸린 것이 다 내 탓이라고 생각했으므로 미세한 몸의 변화에도 촉각을 곤두세우고 걱정을 해댔다. 공포를 이길 수 있다고 생각했고 운명을 내 손아귀에 쥘 수 있을 것이라고 믿었다.

다 소용없었다. 이것들이 전혀 효과가 없었다는 말은 아니다. 누군가에게는 도움이 됐을 것이다. 하지만 내 마음은 전혀 건강해지지 않았다. 그래서 나는 구름을 받아들이지 않기로 마음을 고쳐먹었다. 구름이 밀려오면 그냥 옆으로 휙 치워버리기로 했다. 사실 이런 걱정들은 내가 어찌할 수 없는 것일 때가 많다. 한번은 온 가족이 크로아티아로 여름 휴가를 갔다가 내 몸에서 특이한 반점을 발견했다. 집에서 까마득히 먼 곳에서, 더구나 온 가족이 신나서 뛰어놀고 있는 휴가지에서 말이다. 만일 내가 공포에 항복해 벌벌 떤다면 모두 나를 따라 시름에 잠길 것이고 휴가도 엉망이 될 것이다.

그래서 나는 마음에 물었다. '걱정만 하면서 휴가를 망치고 싶어?' 당연히 대답은 '아니.'였고 나는 걱정으로 뭉친 구름에게 작별을 고했다. '안녕, 구름아. 잘 가!'

걱정을 할 수는 있다. 하지만 꼭 그래야 하는 것은 아니다. 걱정은 의무가 아니다. 당신이 꼭 해야 할 일은 딱 하나밖에 없다. 인생을 즐기는 것! 걱정의 먹구름은 태양을 가린다. 구름을 멀리 보내버려라.

나를 일으켜 세운 한 문장

- 걱정의 먹구름이 몰려오거든 쓰윽 밀어버려라.
- 걱정은 의무가 아니다.
- 걱정은 사실과 일치하지 않는다.

마지막 문장은 조금 더 자세히 살펴볼 필요가 있을 것 같다. "걱정은 사실과 일치하지 않는다." 심리치료사가 내게 해준 말이다. 앞에서 내가 비유로 들었던 마음의 방을 떠올려보라. 우리 마음에는 방이 여러 개 있다. 기쁨의 방, 불안과 수치의 방, 확신과 유머의 방. 당연히 걱정과 두려움의 방도 있다. 운이 좋다면 평생 그 방에 불이 한 번도 켜지지 않을 수 있겠지만 사실 대부분의 사람들은 살면서 수도 없이 그 방의 불을 켤 것이다. 혹시 불을 켜지는 않더라도 손전등을 들고 그 안에 들어가 보기라도 할 것이다. 이 세상에 걱정 없는 사람이 어디 있으며 두려움을 느껴보지 못한 사람이 어디 있겠는가? 물론 내가 느꼈던 죽음의 공포는 보통의 걱정과는 차원이 다른 감정이지만 말이다.

그래서 나는 "걱정은 사실과 일치하지 않는다."라는 말이 참 좋았다. 2015년 3월에 왜 내가 그렇게 공포를 느꼈는지, 적어도 그 이유를 설명해줄 수는 있기 때문이다.

스스로에게 너무 혹독하게 굴지 말 것

"어서 오세요. 잘 지내셨죠?" 산부인과 담당 의사가 나를 보며 환하게 웃었다. "머리 짧게 치니까 더 어울려요. 몸은 좀 어떠세요?"

"네, 안녕하세요. 오랜만이에요. 잘 지내셨죠? 저는 좋아요." 나도 환하게 웃으며 대답했다. 암 치료를 받는 동안에는 항암센터를 다녔기 때문에 산부인과에는 오랜만이었다.

"다음 주에 수술받는다면서요?"

"네. 제거하기로 했어요. 깨끗한 게 좋다고 해서." 나는 난소제거 수술을 결심한 이유를 의사에게 털어놓았다.

"이해합니다. 그동안의 치료 과정에 비하면 이번 수술은 정말 아무것도 아닐 겁니다. 그럼 한번 볼까요?" 의사는 내게 산부인과 의자를 가리켰다. 수술 사전 검사를 받으러 온 참이었다. 그런데 내진검사를 마친 의사의 말투가 눈에 띄게 달라졌다. 목소리가 8옥타브쯤 높아졌고 말이 길어졌다. "아, 여기 저엉말 작고 와아아아아안전 정상인 낭종이 하나 있네요."

나는 벌떡 몸을 일으켰다. "네? 낭종요?"

"초음파로 한번 봅시다." 의사가 초음파 기계를 준비하면서 다정한 눈빛으로 나를 바라보았다. "아. 여기 있네. 이것 좀 보세요." 그가 말하면서 화면을 내 쪽으로 돌렸다. 전문가라면 트리거(유발인자)라고 불렀을 아주 미미한 크기의 점이었지만 내 눈에는 작게 보이지 않았다. 암진단을 처음으로 받았던 2014년 6월처럼.

의사는 내 표정에서 사태를 짐작하고 나를 안심시키려고 애썼다. 하지만 그날 의사가 했던 말은 한마디도 기억나지 않는다. '이럴 순 없어.' 이 생각밖에 안 들었다. 집에 어떻게 왔는지도 기억나지 않는다. 처음 암에 걸렸을 때도 사람들은 내게 똑같은 말을 했다. "낭종 같은데… 확실히 단정할 수는 없어도…."

다시 나는 깊디깊은 구렁으로 굴러떨어졌다. 산부인과 의사는 그 자리에서 며칠 후 수술을 집행할 의사에게 전화를 걸어서 사정을 설명하고 이 낭종을 그때 같이 제거하면 좋겠다는 의견을 밝혔다. 며칠 후 나는 수술을 받았고, 함께 제거한 낭종은 조직검사 결과 양성으로 밝혀졌다.

사실 그때는 어떤 문장도 나를 일으켜 세울 수 없었다. 하지만 지금 이라면 그렇게 지레 겁먹지 않을 것이다. 치밀어 오르는 걱정과 공포가 곧 (있지도 않았던) 사실인 것은 아니기에 마음을 달리 먹을 수 있을 것 이다.

나를 일으켜 세운 한 문장

- 걱정을 겁내지 마라. 걱정은 당신의 마음에 있는 많은 방 가운데 하 나일 뿐이다. 걱정도 당신의 일부다.

당신의 문장을 적어보세요.

마침표를 찍어야 하는 관계

우리는 부모를 고를 수 없다. 좋건 싫건 나를 낳아준 부모 밑에서 부모의 영향을 받으며 자란다. 이러한 어린 시절의 경험은 오래도록 삶에 흔적을 남긴다. 어머니 아버지가 아이에게 예절 바른 인사법을 가르치지 않으면 아이는 나중에 어른이 돼서도 얼른 인사말이 입에서 튀어나오지 않는다. 집에서 밥을 먹을 때 대화를 많이 나누면 나중에 회사에서 동료들과 식사를 할 때도 조잘조잘 이야기를 잘한다.

가치관이나 정치적 견해는 물론이고 식구들이 밥을 다 먹을 때까지 식탁에 앉아 기다려야 하는지, 엄마한테 묻지 않고 친구를 집에 데려와도 되는지 등등 집집마다 규칙과 습관이 다 다르다.

그러므로 두 사람이 만나 사랑을 하고 가정을 꾸린다는 것은 참으로 기적에 가까운 일이 아닐 수 없다. 전혀 다른 방식으로 성장한 두 사람이 만나서 남은 인생을 함께 보내다니, 얼마나 놀라운 일인가.

내 친구와 그의 남편도 마찬가지였다. "처음으로 우리 부모님을 뵙고 나서 그가 이렇게 물었어. '너희 식구는 만날 끌어안아?' 내가 무슨 말인지 몰라서 무슨 소리냐고 되물었더니 그가 질문을 고쳐서 다시 묻더라고. '그러니까 만날 때마다 포옹을 하느냐고?'" 당시 친구는 부모님과 따로 살았다. 그래서 부모님을 만날 때마다 잠시 포옹을 하며 인사를 나눴던 모양이다. 친구는 대답했다. "응, 당연하지. 그럼 자기네 집에서는 어떻게 인사하는데?"

그는 악수를 한다고 말했다. 하긴 아들하고 포옹을 하려면 쑥스럽겠지. 좀 낯설다고 생각했지만 친구는 대수롭지 않게 받아들였다. 하지만 두 집안의 차이는 거기서 끝나지 않았다. 친구의 집에서는 밥 먹을 때 대화를 많이 나눴다. 하지만 친구 집에 놀러온 남편(물론 당시에는 아직 남자친구였다.)은 식탁에서 한마디도 하지 않았다. 친구는 그것도 이상했다. '기분이 나쁜가? 음식이 입에 안 맞나? 우리 식구들이 마음에 들지 않나?'

남편의 집에 가보고서야 친구는 남편의 행동을 완벽하게 이해할 수 있었다. 남편은 평소와 다를 것이 없다고 했지만 집안 분위기가 얼음장이었다. 식탁에서 친구가 이야기를 시작하려고 하자 "밥 먹을 때 말하는 거 아니다."라는 꾸지람이 돌아왔다. 그러니까 한마디로 두 개의 세상이 충돌한 것이었다. 친구는 시부모님을 나쁘게 생각하고 싶지는 않았지만 적응하기가 무척 힘들었다. 거꾸로 시부모님 입장에서도 내 친구가 당혹스러웠을 것이다. 자기 일을 하고 자기 의견이 분명한 독립적이고 당찬 사람이었으니까.

각자 자기 세상에서 행복하게 살기

친구 남편의 상황은 더 복잡했다. 지금껏 살아온 세상이 완전히 흔들렸다. 집에서는 늘 야단맞고 무시만 당했는데 여자친구의 가족은 그를 존중하고 관심과 애정을 주었다. 매우 바람직한 변화였지만, 자신의 부모가 잘못됐다는 사실을 인정하는 과정은 고통스러웠을 것이다. 자기 부모가 아이들이 있는 자리에서 잔인한 장면이 나오는 드라마를 아무 생각 없이 보았다고 비판하는 것과 어린 시절이 (친구 남편을 치료했던 심리치료사의 말대로) '굴욕의 시간'이었다는 사실을 깨닫는 것은 하늘과 땅 차이다.

"남편은 시부모님께 늘 구박을 당했어. 내가 있는 자리에서도 그랬는데 난 참 보고 있기가 괴롭더라고. 그래서 남편이 부모와 연을 끊겠다고 선언했을 때 안타깝지만 다행이다 싶었지." 친구가 말했다.

함께 갈 수 없다면 헤어지는 것이 낫지 않을까?

"두 세계가 서로를 견디지 못했지. 남편은 아버지가 되고 나자 더욱 자기 부모를 이해할 수 없다고 말했어. 자기는 절대로 아이들을 그렇게 강압적으로 키우지 않겠다면서."

부모와의 불화는 한 인간이 겪을 수 있는 최악의 경험일지 모른다. 하지만 가족이 모일 때마다 고통을 참아야 한다면, 만났다 하면 언성이 높아지고 얼굴을 붉혀야 한다면 그것 역시 잔인한 일이다. 때로는 마침표를 찍고 각자 자기 세상에서 행복하게 사는 것이 훨씬 더 나을 수도 있다.

당신의 문장을 적어보세요.

인생은 짧다, 케이크를 먹어라

나는 건강하지만 축 늘어졌다. 끝. 더 할 말이 없다. 사실이 그렇다. 물론 건강을 되찾은 것만 해도 너무너무 고맙고 행복한 일이기는 하다. 하지만 조금만 더 날씬하면 얼마나 좋을까?

그러니까 내가 하고픈 말은 결국 몸매와 관련된 영원한 실패의 이야기다. 나는 평생 단 한 번도 "여리여리하다."라는 말을 들어본 적이 없다. 엄마 뱃속에서 태어났을 때부터 어른이 될 때까지 한 번도 약해서 어쩌나 하는 걱정을 끼친 적이 없다. 나는 늘 튼튼하고 튼실했으며 무엇보다 우람했다. 그래서 한시도 마음을 놓으면 안 되는 유형이었다. 물론 실패한 다이어트의 책임을 타고난 통뼈나 장대한 기골한테 돌리고 싶지는 않다.

세상 모든 사람이 그러하듯 나 역시 입으로 들어간 양만큼 살로 돌아오는 체질이다. 더구나 아무리 먹어도 살이 찌지 않는 에너지 낭비형 인간이 아닌지라 거울을 보며 안심할 정도가 되려면 무지막지하게 노력을 해야 했다. 그 노력이 항상 결실을 맺지는 못하는 게 문제라면 문

다들 그렇게 산다는 말은 하나도 위로가 되지 않아

제였지만.

그런데 난소제거 수술을 받고 호르몬 치료를 시작하자 살이 빠지기 시작했다. 이게 웬 떡! 빠지는 살이 조금도 아깝지 않았다. 그런데 살이 흐물거리기 시작했다. 신진대사도 뒤엉켰다. 열이 확 오르고 엉덩이가 푹 꺼지고 팔뚝 살이 늘어나 출렁거렸다.

"이 사진에 이 사람이 너야?" 지인이 결혼식 사진을 보고 물었다.

"아냐. 난생처음 보는 결혼사진이야." 나는 생각 없는 질문에 살짝 짜증이 나서 성의 없이 대답했다. 한창 항암 중이던 시기였다. 얼굴이 퉁퉁 붓고 머리카락이 다 빠진 내게 그런 질문을 던지다니 참 생각이 없는 사람이었다.

예전 사진을 보기가 무척 괴로운 날들이 있었다. 해맑았던 시간을 잃어버린 것도 가슴 아팠고 완전히 변해버린 내 모습을 확인하는 것도 힘들었다. 정말 괴로운 날에는 사진을 엎어놓았다. 눈에서 멀어지면 마음에서도 멀어지니까.

나는 포기하지 않을 것이다

"다시 회복될 거야." 가족은 나를 위로했고 그 말은 옳았다. 머리카락도 눈썹도 속눈썹도 다시 났다. 하지만 몸매는 돌아오지 않았다. 다시 한번 말하지만 나는 살아 있다는 것만으로도 충분히 감사하다. 돌아오지 못할 길을 걸어간 사람들은 푹 꺼진 엉덩이를 고민할 수 있는 내가 너무나 부러울 것이다. 그래도 어쩔 수 없다. 옛날 사진을 쳐다보기가 여전히 괴로운 날들이 있다.

"개인 피티도 받아봤고요 트램펄린도 사서 열심히 뛰었어요. 그래도 여전히 이 꼴이에요." 정기검진 때 의사에게 이렇게 투덜거렸다.

"저런. 이해합니다."

"나아질 거라고 말씀해주세요."

의사는 아무 말도 하지 않고 웃기만 했다. 이것도 실패라면 실패다. 예전에 입던 예쁜 옷이 하나도 맞지 않고 거울에 비친 내 모습이 도무지 성에 차지 않으며 무엇보다 거의 무력하게 이러한 모습을 바라봐야 한다는 것. 이것도 실패다. 물론 나는 의도적으로 '거의'라는 표현을 썼다. 솔직히 나아질 수 있는 가능성이 영 없는 것은 아니다. 더 굶고 더 운동을 하면 분명히 몸매도 나아질 것이다. 하지만 인생을 즐기고 싶은 마음이 그 길을 가로막는다. 맛난 음식, 맛난 와인이 조깅보다 훨씬 더 큰 즐거움을 주니 말이다.

'아. 이때가 좋았지. 이때로 돌아가고 싶다.' 5년 전 파티에서 찍어서 페이스북에 올렸던 사진을 쳐다보며 생각했다. 당시 나에게는 부드럽고 풍만한 진짜 가슴이 있었고 긴 금발 머리카락이 있었으며 55 사이즈의 바지가 딱 맞는 날씬한 몸매가 있었다.

누가 누가 자신을 제일 사랑하는지 겨루는 대회가 있다면 세계 챔피언 자리는 단연 내 것이다. 그만큼 나의 자존감은 하늘을 찌른다. 내 뛰어난 순발력도 다 거기서 나온다. 그럼에도 때로는 많이, 때로는 조금 적게 나는 내 몸매를 고민한다. 스케줄이 없는 시간에 얼굴만 보이는 거울에 둘러싸여 있을 때는 조금 적게, 헬스클럽에서 전신을 보지 않을 수 없을 때는 아주 많이.

나를 일으켜 세운 한 문장

• 엉덩이가 뚱뚱하다고 해서 토크쇼에 출연할 기회를 차버려서는 안 된다.

• 더 중요한 것이 있다. 훨씬 더 중요한 것.

• 포기하지 마라.

그래서 나는 포기하지 않는다. 폭풍 다이어트를 할 수 있는 나이는 지났지만 새로운 헬스 트렌드라면 모조리 시험해본다. 얼마 전에는 TV 채널을 돌리다가 한 홈쇼핑 프로그램에서 멈췄다. 거기서 처음 보는 혁신적인 복부 운동기구를 팔고 있었다. 정신을 차려보니 나는 이미 전화기를 들고 주문하고 있었다. 지금 그 혁신적인 운동기구는 옷걸이로 쓰인다. 그 옆에는 팔 운동기구와 노젓기와 스텝퍼가 나란히 늘어서 있다.

며칠 전에는 '스쿼트 30일 챌린지'를 주문했는데 하루 하고 났더니 근육통이 이만저만이 아니라 과연 도움이 될까 의심하는 중이다. 이런 글을 쓰고 있자니 더 열심히 노력해야겠다는 마음이 물씬 솟구치지만 지금까지도 나는 변명용으로 나를 일으켜 세운 다음 문장을 고수하고 있다.

나를 일으켜 세운 한 문장

• 인생은 짧다. 케이크를 먹어라.

당신의 문장을 적어보세요.

_____

_____

_____

_____

_____

_____

_____

_____

_____

불평을 들어주기 힘든 날

내가 아는 대부분의 사람들은 웃으며 인생길을 걸어갈 이유가 수두룩하다. 건강해서 통증 없이도 하루를 시작할 수 있고 출근해 돈을 벌수 있고 집에 돌아오는 길에 잠시 마트에 들러 장을 볼 수도 있으며 지금껏 테러를 당하지 않고 무사히 살아 있다. 하지만 어떻게 지내느냐는 물음에 너무나 많은 사람들이 대답한다. "아주 죽을 맛이에요." 혹은 "너도 알잖아. 일상이 스트레스지."

아니, 나는 알지 못한다. 내게 '일상'이라는 말은 음악과도 같고, 나는 '스트레스'를 모른다. 혹시 안다고 해도 내 귀에는 그 말이 '아삭아삭'하게 들린다. 아삭아삭? 무슨 뜻이냐고? 100번의 휴식시간을 끼워 넣지 않아도 하루를 무사히 살 수 있다는 뜻이다. 항암을 받으면 하루에도 수십 번씩 드러누워야 한다.

가끔씩 정말로 가끔씩 사람들의 불평을 들어주기 힘든 날이 있다. 그럴 때는 이렇게 퍼붓고 싶다. "이봐요? 왜 만족을 못 해요? 이것 좀 보라고요. 당신이 지금 얼마나 행복한지 눈에 안 보여요? 스트레스가 심하면 그냥 안 하면 되잖아요."

왜 그럴까? 왜 사람들은 징징거릴까? 인간은 워낙 자신이 못마땅한 존재일까? 아니면 초점을 제대로 맞출 능력이 없는 것일까? 내가 아는 한 부부는 노후를 대비해 시골에 집을 한 채 장만했다. 말이 노후 대비지 아직 젊어서 은퇴하려면 15년은 더 있어야 한다. 집은 바다가 코앞이라 경치가 그만이어서 부부는 그 집을 주말주택으로 활용하고 있다.

얼마 전에 길에서 우연히 그 부부를 만났는데 그만 실수를 하고 말았다. 묻지 말았어야 했는데 바닷가 집에 얼마나 자주 가냐고 물었던 것이다. 질문이 떨어지자마자 바로 불평이 터져 나왔다.

"세상에 그걸 왜 샀는지 몰라. 주말에 쉬려고 가는데 갈 때마다 몇 시간씩 쓸고 닦고 해야 해요. 최악은 근처에 가로등이 없어서 너무너무 깜깜하다는 거예요. 해가 지면 한 발자국도 집밖으로 나갈 수가 없어요. 텃밭도 자주 못 가니 풀이 자라서 엉망이고…." 나머지는 상상에 맡기겠다. 다들 듣지 않아도 충분히 짐작할 것이다. 말투와 얼굴 표정 역시 안 봐도 훤할 것이다. 세상에 자기보다 불행한 사람은 없다는 그런 표정 말이다.

그럴 때면 나도 모르게 울컥 나쁜 마음이 치밀어 오른다. 나를 너무 욕하지 마라. 나도 어쩔 수가 없다. 감사의 마음이라고는 티끌만큼도 없는 뻔뻔한 사람들에게 뭐라고 대꾸조차 하기 싫어 그냥 "아, 네." 하고 말았다.

결국 대화는 시들하게 끝이 나고 괜히 시간만 낭비했다는 후회가 밀려들었다. 사람은 다 다르니까 아무리 마음에 들지 않아도 손가락질까지 해대며 화를 낼 이유는 없겠지만 더 이상 대화를 이어갈 의욕은 사라지고 만다. 왜 사람들은 가진 것을 보지 못할까? 왜 자신이 누리는 행복을 깨닫지 못할까? 가로등이 없어서? 그 사람들은 고작 가로등 때문에 세상에서 가장 불행한 사람이 되고 말았다. 그것만 빼면 모든 것을 가졌으면서도.

만족은 욕망에 달려 있다

그날은 우연의 장난인지 몇 걸음 못 가 또 한 사람의 지인을 만났다. 병이 깊어서 하루하루 버티기가 힘든 사람이었다.

"어머, 반가워요." 나는 진심으로 활짝 웃으며 그에게 인사했다.

"정말, 너무 반갑네요." 그도 웃으며 인사했다.

그런데 얼굴이 저번보다 영 못했다.

"어떻게 지내세요? 몸은 좀 어떠시고?"

"아, 좋아요. 오늘은 정말 화창하죠. 이런 날은 집에 있을 수가 없잖아요." 그가 대답했다.

우리는 그 자리에 서서 한참 이야기를 나눴다. 그는 병원이 있어서, 통증완화 치료를 받을 수 있어서 얼마나 다행인지 모른다고 고마워했다.

"같은 지구에 살아도 이런 혜택을 누릴 수 없는 사람도 많잖아요."

"그렇죠. 저도 같은 생각이에요. 세상에는 감사할 줄 모르는 사람이 너무 많아요."

내가 그들을 잠깐의 시간 차를 두고 만난 것은 아마도 우연이 아니었을 것이다. 한쪽은 모든 것을 다 가진 사람이다. 건강, 경제적 여유, 시간, 가족. 다른 쪽은 짊어진 짐이 너무 무거워 보는 사람이 다 마음이 아플 지경이다. 행복과 불행, 만족과 불만족의 차이는 물질과 돈에서 비롯되지 않는다. 건강함의 차이도 아니다. 오직 세상을 바라보는 시각, 마음의 자세, 생각의 차이다.

레오나르도 다빈치를 주인공으로 삼은 얀 베르묄렌의 소설《미소의 그늘De Schaduw van een Glimlach》에는 이런 말이 나온다. "만족은 항상 우리의 욕망에 달려 있다." 그렇다면 우리의 욕망이 너무 큰 것일까? 왜? 항상 남의 욕망을 기준으로 삼으니까? 쉬지 않고 남과 비교하니까? 사실 행복하기 위해 필요한 것은 그리 많지 않다. 경험으로 나는 그 사실을 잘 안다.

그러니까 오늘이 재수 옴 붙은 날이라는 생각이 들거든 시각을 바꾸려 노력해보라. 하루 종일 히히거리며 돌아다닐 필요야 없겠지만 자신의 처지에 감사해보자. 만족에 조건을 붙이지 말자. 돈이 없어도, 할 일이 태산이어도 만족할 수 있다.

"음악이 있어야지."

빈센트 바이스가 노래한다. "음악이 있어야지." 백번 옳은 말이다. 음악이 있어야 한다. 음악이 있으면 온갖 일이 쉬워진다. 살다 보면 참고 견디는 수밖에 달리 어쩔 도리가 없는 순간들이 있다. 그런 순간 좋은 음악이 있으면 무거운 짐이 한결 가벼워진다.

학자들은 음악이 가진 치유의 힘에 대해 어떻게 이야기하는지 궁금해서 주잔네 바우어 박사에게 여쭤보았다. 그는 베를린 음악치료센터의 원장이다.

"음악치료를 할 때 우리는 환자에게 자기결정권을 되돌려주려고 노력합니다."

"예를 들면요?"

"얼마 전 음악의 활용 방안을 주제로 연구 프로젝트를 진행하던 중에 록 음악가 한 분을 만났어요. 정말 뼛속까지 예술가였는데 그만 뇌종양에 걸리고 만 거예요. 병이 깊어지자 자신이 연주하던 전자기타의 쨍쨍한 음색을 견딜 수 없게 됐지요. 그분은 깊은 상처를 받았어요.

제일 아끼던 일을 할 수 없게 되면 환자들 대부분이 용기를 잃고 말거든요."

"그래서요?"

"가장 좋아하던 악기를 연주할 수 없게 되자 그는 스스로 대안을 찾아 나섰죠. 음악치료를 할 때 우리는 환자에게 방음 음악실을 제공하고 악기를 스스로 선택하게 합니다. 악기는 영혼의 확성기 같아요. 환자의 마음 상태를 잘 보여주거든요. 그 록 음악가는 클래식 음악을 택했습니다. 클래식 악기를 연주하다가 나중에 세상을 떠날 때 아이들에게 악기를 남겨줬지요."

"그래도 결국에는 죽었잖아요." 나는 말했다.

"맞아요. 우리도 그건 어쩔 수 없어요. 다만 환자가 자기결정권을 가질 수 있게 노력하죠. 운명은 바꿀 수 없지만 남은 시간을 어떻게 쓸지는 각자가 마음대로 정할 수 있으니까요."

그렇다. 여기서도 진리는 다르지 않다. 행복의 열쇠는 두 가지에 달렸다. "그래, 그런 거지."와 "바꿀 수 있어."를 구분하는 것, 그리고 스스로 결정하는 것.

자기결정권을 잃어버린 사람들은 슬프다

너무 슬퍼서 죽는 사람들도 있을까? 나는 종종 인터넷에서 '슬픈 나머지 세상을 뜨고 만' 사람들을 찾는다. 정말로 그런 일이 가능한지, 혹시 그 전에 다른 일이 있었던 것은 아닌지 알고 싶어서다. 그러다 보면

다들 그렇게 산다는 말은 하나도 위로가 되지 않아

늘 자기결정권을 잃어버린 사람들을 만나게 된다. 스스로 결정할 수 있는 가능성을 빼앗긴 사람들. 한 집단의 할머니들이 이런 통보를 받았다고 한다. "내일 요양원에 들어갈 겁니다. 방의 벽 색깔은 빨강과 노랑이고 식사는 하루 세 번입니다."

그런데 그중 몇 명이 다음 날 세상을 뜨고 말았다. 그들에게 어느 요양원을 갈 건지, 어떤 색깔의 커튼을 원하는지 물어보았더라면 그렇게 서둘러 숨을 거두지 않았을지도 모른다.

나부터도 그렇다. 나는 내 뜻대로 할 수 없으면 미칠 것 같다. 저 멀리서 자동차 시동을 걸어놓고 얼른 걷지 못해서 다시 자동차 문이 닫히면 거의 발작을 일으킨다. 그러니 항암의 덫에 빠져 아무것도 할 수 없었을 때는 어땠겠는가? 이런 이유로 나는 아이들에게 될 수 있는 대로 이래라저래라 명령하지 않는다. 그렇기에 당연히 원장님에게서 들은 음악치료의 기본 콘셉트가 매우 논리적이라고 생각했다.

"환자들이 특히 좋아하는 음이나 소리가 있나요?" 나는 그에게 다시 물었다.

"그렇지 않아요. 사람마다 달라요. 그래서 우리는 환자들에게 음악실에 들어가서 마음껏 연주하고 들어보라고 권해요. 평소 조화로운 음악을 좋아하던 사람도 불협화음이 두드러지는 음악을 들어볼 수 있고, 그것도 생각만큼 나쁘지 않다는 것을 깨닫게 되지요. 그럼 밖에 나가 일상생활을 할 때도 그런 음악을 자주 듣게 되고요."

"저는 아이를 키우는 엄마라서 궁금합니다. 아이들을 키울 때 주의해야 할 사항이 있나요?"

"어릴 때부터 자기결정권을 존중해주는 것이 중요합니다. 악기도 아이 스스로 고르게 하세요. 강요하지 말고요."

"마지막으로 원장님은 기분이 좋지 않을 때 어떤 음악을 들으세요?"

"전 가사를 신경 써서 듣는 편이라서 가사가 좋은 음악을 듣습니다."

어쨌거나 음악은 만병통치약이다. 어느 날 내가 겁이 나거나 마음이 심란할 때 노래를 크게 부른다는 사실을 깨달았다. 병원으로 가는 길에 라디오에서 좋아하는 노래가 나오면 늘 목청껏 따라 불렀다. 딱히 의식하고 했던 행동은 아니었는데 이제 와서 보니 노래가 마음을 진정시켜줬나 보다.

상실의 두려움에 관하여

"니콜, 시간 있어? 콘스탄틴 때문에 그러는데."

순간 머릿속이 하얘지면서 속이 울렁거렸다.

"당장 뛰어갈게." 어린이집 원장인 자비네에게 말했다. 아이를 둘이나 같은 어린이집에 보내는 동안 자비네와 막역한 친구 사이가 됐다.

"다음 주에나 하루 날 잡을까 생각했더니만." 득달같이 나타난 나를 보며 자비네가 웃었다.

"내 성질 급한 거 알면서. 왜? 뭔데?" 자비네가 앉으라는 소리도 하지 않는데 무작정 원장실 소파에 주저앉으며 다그쳤다. 그가 상담을 청할 정도면 분명히 무슨 일이 있는 것이다. 내가 암 진단을 받고부터 그는 특히 우리 아이들에게 신경을 많이 써줬다. 다행히 막스는 무사히 학교에 들어갔고 이제 콘스탄틴만 어린이집에 남았다. 치료가 끝난 지도 어느덧 2년이 지난 때였다.

"너무 불안해하지는 말고. 괜찮을 거니까." 그가 따뜻한 음성으로 말문을 열었다.

"무슨 일인데?" 심장이 쿵쾅거렸다. 원장실로 들어오면서 아이가 잘 놀고 있는 것을 봤으니 사고가 난 건 아니다.

"아이들을 데리고 놀이를 했어. 선생님이 아이를 불러서 이야기를 지어보라고 하고 그걸 받아 적는 거야."

심장 박동 수가 살짝 줄어들었다. "어땠어?" 나는 약간 주눅이 들어서 은근히 물었다.

"콘스탄틴의 이야기가 특이했어."

"뭐가?"

"엄마가 살아 있지 않아."

갑자기 눈물이 솟구쳤다.

"정말?"

"친하게 지내는 친구들의 이름을 쭉 나열했는데 그때마다 이런 말을 덧붙였어. '엄마는 돌아가셨어요.' 그다음에 그림을 그려보라고 했는데 거기도 엄마가 없었어."

심장이 쥐어뜯기는 기분이었다.

"그렇지만… 왜 그러지?"

"너도 궁금해할 것 같아서 심리상담 전문가에게 문의했어. 우리 생각보다 훨씬 상실의 두려움이 큰 것 같아."

왜 몰랐을까? 아무도 몰랐다. 이 작은 스마일맨에게서 나는 아무것도 눈치채지 못했다. 전혀. 그것도 모르고 사람들이 물을 때마다 우리 아이들은 너무나 잘 견뎌냈다고 자랑을 늘어놓았다.

"그래서?"

"아직 엄마를 보호자로 완전히 믿지 못하는 것 같아. 언제고 가버릴 수 있다고 생각하는 거지."

눈물이 펑펑 쏟아졌다.

"네가 어떤 심정일지 알아. 하지만 잘될 거야. 너무 걱정하지 마. 이 제라도 알았으니 얼마나 다행이야. 우리도 까맣게 몰랐어."

아이의 신뢰를 되찾는 방법

지금도 나는 그날 오후를 떠올리면 가슴이 미어진다. 다섯 살짜리 꼬마가 어떻게 그런 마음으로 해맑게 웃을 수 있었을까? 나는 왜 그 사실을 몰랐을까? 아픈 마음 옆으로 죄책감이 슬며시 엉덩이를 들이밀었다. 집을 너무 자주 비웠을까? 일을 너무 많이 했나? 힘들 때 웃으려고 노력했던 게 오히려 아이한테 부담이 됐나?

"지금 네가 무슨 생각하는지 알아. 하지만 지금 달려가서 애를 붙들고 채근해도 아무 소용없어."

자비네가 내 표정을 보고 말했다.

"그럼 어떻게 해야 할까?"

우리는 오래 이야기를 나눴다. 그는 내게 아이의 신뢰를 되찾는 여러 가지 방법을 알려줬다. "집을 비울 때는 어디에 가는지, 언제 돌아올지 정확하게 말해줘." 그 순간 항암을 하던 날들이 떠올랐다. 밤에 열이 오르면 응급실로 달려갔고, 다음 날 아침 아이들이 눈을 떴을 때 나는 집에 없었다. 물론 그때도 이유를 설명했지만 내 설명이 아이들 수준에 맞지 않았던 것 같다. 더구나 나는 큰아이를 더 많이 걱정했다. 진단을 받았을 때 큰아이는 여섯 살이었다. 콘스탄틴은 겨우 두 살이었다. 어리니까 모르겠지. 막연히 그렇게 생각했던 것 같다.

걱정과 죄책감, 슬픔이 밀어닥쳤다. 대체 나는 아이들에게 무슨 짓을 한 것인가?

당장 몇 가지 규칙을 새로 정했다. 외부 일정은 일주일에 두 번만! 또 외출할 때는 아이들에게 어디로 가는지, 왜 가는지 정확히 말해준다. 나는 그 후로 아이들을 꼼꼼히 관찰했다. 아이들을 지켜보다가 너무 가슴이 아파 울음을 터뜨린 적도 많았다. 학교나 어린이집 선생님들과도 긴밀한 관계를 맺었다. 아이들은 내 예상보다 내 걱정을 많이 하고 있었다.

나를 일으켜 세운 한 문장

- 문제를 함께 고민할 수 있는 사람을 찾아라.
- 내 아이들이 힘들면 상황을 바꾸기 위해 최선을 다해야 한다.
- 잘해낼 수 있다고 자신을 믿어라. 문제를 알고 열심히 노력하면 신뢰를 회복할 수 있다.

요즘에는 콘스탄틴의 그림에 내가 등장한다. 하지만 여전히 키가 큰 모습은 아니다. 그림을 볼 때마다 가슴이 아프지만 신뢰를 회복하려면 많은 시간이 필요하다고 생각하며 다시 마음을 다잡는다.

당신의 문장을 적어보세요.

남들도 다 잘하는 것은 아니다

내가 어떻게 해서 체육의 세계에 발을 들여놓았는지, 위대한 입문기를 기대한 독자라면 이제부터 들려줄 이야기에 백 퍼센트 실망할 것이다. 나는 지금까지도 운동을 즐기지 못한 사람이니까 말이다.

머리가 복잡할 때나 마음이 심란할 때는 나도 숲길을 걷는다. 하지만 이것은 운동이라기보다 자연체험에 더 가깝다. 와인 잔을 들고 말없이 숲속 한구석에 쪼그리고 앉아 있어도 똑같은 효과를 볼 수 있을 수준이기 때문이다. 물론 운동이 유방암 재발율을 낮추기 때문에 나도 나름대로 운동을 하기는 한다. 때로는 짜증을 내며, 또 때로는 왕짜증을 내며 열심히 운동을 한다. 막상 하고 나면 기분이 좋지만 운동을 할 때는 정말이지 너무 하기 싫다.

나는 운동에 소질이 없는 아이였다. 학창시절 내내 체육 시간마다 놀림을 당했다. 체육 시간은 싫은 정도를 넘어 공포였다. 내일 시간표에 체육이 들어 있으면 밤새 잠을 못 잤고 아침에 구토를 하기도 했다. 지금도 체육관 냄새를 맡으면 그 시절의 공포가 확 치밀어 온다.

김나지움 5학년 때 욕심이 많은 체육 선생님을 만났다. 체육이 인생의 전부였던 P. 선생님은 날 때부터 운동신경이 둔한 사람이 있을 수 있다는 생각을 아예 하지 못했다. 공중돌기나 철봉을 잘하는 아이들은 선생님에게 후한 점수를 받았다. 당연히 나는 지하실 개미나 지네만도 못한 점수를 받았다.

7학년이 되자 마루운동과 뜀틀 같은 멋진 종목이 교과목에 올랐다. 그리고 선생님은 나를 골려먹는 데 재미가 들린 것 같았다.

"누가 손 짚고 공중돌기 시범을 보일까?" 선생님이 물었다.

최소 열 명의 손이 올라갔다. 당연히 내 손은 바닥을 향했다.

"니콜? 해볼까?"

선생님이 권하는 순간 나는 속으로 외쳤다.

'엥? 싫어요. 절대, 절대. 공중을 돌다니!'

그리고 주눅이 들어 대답했다. "전 못하는데요." 모두의 시선이 나를 향했다. 7학년이 되면서부터 체육 시간은 남녀 합반이었다. 남자아이들이 있어서 더 창피했다.

"아냐, 할 수 있어. 다들 보고 싶어 하잖니." 선생님은 환하게 웃으며 말했다.

지금 이렇게 적고 보니 그럴 수도 있겠다 싶은 일이지만 당시에는 정말로 괴로웠다. 그렇다고 울면서 체육관을 뛰쳐나가 선생님의 재미를 보태주고 싶지는 않았다. 그래서 매트로 걸어가서 시범을 보였는데…. 그건 공중돌기가 아니었다. 어설픈 브레이크 댄스라고 부르는 게 더 맞았다.

남자아이들이 배를 잡고 떼굴떼굴 굴렀고 여자아이들도 몰래 입을 가리고 웃었다. 지금 와서 그 아이들을 탓할 생각은 없다.

목적을 이룬 선생님은 웃으며 말했다. "아하. 고생했다. 자, 그럼 진짜 공중돌기를 보여줄 사람?"

안타깝게도 나는 체육에서 잘하는 종목이 하나도 없었다. 전무했다. 기계체조는 말할 것도 없고 달리기나 구기종목도 못했다. 그나마 진땀을 빼지 않은 것이 있다면 멀리 던지기가 유일했다. 내가 특별히 잘해서가 아니라 창피당할 일이 없는 종목이었기 때문이다.

더 노력하는 게 유일한 돌파구는 아냐

그렇게 수치의 나날이 흘러갔다. 어느 사이 나는 체육 시간만 되면 갑자기 배가 뒤틀리고 머리가 깨질 듯 아팠고 걸핏하면 생리가 시작되는 아이가 됐다.

시간표에 체육이 든 날은 학교에 가기 전부터 기분이 엉망이었다. 체육이 오후에 든 날에는 스트레스 때문에 점심도 제대로 먹을 수 없었다. 그래도 되는 것일까? 못해도 사는 데 아무 지장 없는 과목 하나로 한 아이를 그렇게 괴롭혀도 되는 것일까? 꼭 그래야만 했을까?

물론 운동은 중요하다. 운동은 성장과 건강에 꼭 필요하다. 하지만 반드시 그런 방식으로 운동을 시켜야 했을까? 뒤로 구르기를 못한다는 이유만으로 몇 년 동안이나 열등감에 시달려야만 하는 것일까? 그것은 바람직한 교육이 아니라고 나는 생각한다. 의욕을 북돋아주지도 못 할

뿐더러 몸과 마음의 건강에 유익하지도 않다.

변화는 8학년 때 찾아왔다. 운 좋게 체육 선생님이 바뀐 것이다. G. 선생은 유머감각이 뛰어났고 여유가 넘쳤다. 당연히 나를 보자마자 체육에 소질이 없다는 것을 딱 알아차렸지만 끝까지 나를 존중해줬다. 선생님이 한 번은 체조 시간에 내게로 와서 이런 말을 했다. "체조 재미없지?"

"아, 네." 나는 기가 죽어 중얼거렸다.

"안 해도 돼."

나는 놀라 그를 쳐다보았다.

"솔직히 나도 재미없어. 다른 거 하고 싶은 거 있니?"

"글쎄요. 아직까지 재미있는 게 없어서요."

"배구 어때?"

다음 체육 시간에 선생님은 배구 네트를 치고 여자아이들에게 배구를 기초부터 차근차근 가르쳤다. 물론 나는 배구에도 소질이 없었지만 그래도 난생처음 체육 시간이 즐거웠다. G. 선생님은 무슨 문제든 유머로 접근했다. 악을 쓰고 덤비지 않았고 특히 나같이 소질이 없는 아이들에게는 꼭 잘하지 않아도 된다는 분위기를 조성했다. 중요한 것은 재미였다. 그날 이후 내 인생이 달라졌다. 잘하지 못해도 인정받을 수 있고, 잘 못하는 것도 재미있을 수 있다는 것을 배웠다.

학교가 그런 곳이면 안 될까? 못해도 괜찮다고 말해주는 것이 교사와 부모의 임무 아닐까? 교사와 부모는 그 누구보다 무엇이든 완벽하지 않아도 재미있을 수 있다고 가르쳐야 하는 사람들이 아닐까?

당신의 문장을 적어보세요.

다들 그렇게 산다는 말은 하나도 위로가 되지 않아

아이의 눈으로 보면

아마 우리 체육 선생님도 악의가 있어서 그랬던 것은 아닐 것이다. 너무 교사 생활을 오래 하다 보니 무감각해져서 그랬을 수도 있다. 어쩌면 우리도 그럴지 모른다. 우리의 행동이 아이들에게 어떤 영향을 미치는지 잊고 살 때가 많다. 남을 험담할 때, 하루 종일 휴대전화만 들여다보고 있을 때, 생각 없이 아무 데나 쓰레기를 버릴 때, 그런 행동이 아이들에게 어떤 인상을 남길까?

그래서 주변 아이들에게 물어보았다. 어떨 때 기분이 나쁜지 말이다.

율리우스, 9세

내가 물었다.

"율리우스, 기분이 좋지 않은 날이 있었어?"

"네."

"왜 기분이 안 좋았는지 알아?"

"네."

나는 이 나이 또래의 아이들을 좋아한다. 재잘재잘 말을 잘하기 때문이다.

"왜 그랬는지 이야기해줄 수 있어?"

"축구할 때 카이가 나를 안 끼워줬어요. 내 실력이 안 좋대요. 거짓말이에요."

"그래서 어떻게 했는데?"

"벤치에 앉아 있었어요."

"기분이 어땠어?"

"짜증났어요."

"어떻게 해서 기분을 풀었어?"

"다음번에 내가 카이를 빼버렸어요."

율리우스는 나를 보고 히죽 웃더니 친구들한테로 가버렸다.

니나, 7세

"니나는 어떨 때 기분이 안 좋아?"

"아빠가 빨리빨리 하라고 해놓고 아빠는 빨리 안 해요."

"그럴 때 너는 어떻게 해?"

"그냥 가만히 기다려요. 짜증나요."

"아빠한테 말했어?"

"네."

"근데?"

"아빠는 만날 일하러 가야 한다면서 안 가고 스마트폰만 들여다

봐요."

마리우스, 8세

"먹기 싫은 거 먹으라고 할 때 화나요."

"아줌마도 그래. 누가 억지로 먹으라고 해?"

"엄마가요. 한 번만 먹어보래요."

"안 먹어보면 모르니까."

"딱 보면 알아요."

"아, 그래? 엄마가 어떻게 해주면 좋겠어?"

"내가 알아서 먹게 내버려뒀으면 좋겠어요."

콘스탄틴, 5세(우리 작은아들)

"악몽 꾸면 기분 안 좋아요."

"왜?"

"무서우니까요."

"그럼 어떻게 해?"

"엄마 아빠한테로 달려가요."

막스, 9세(우리 큰아들)

"막스는 언제 제일 화가 나?"

"엄마가 '니가 먼저 시작했잖아.'라면서 야단칠 때요."

뒤에서 콘스탄틴이 지지 않고 한마디 거든다. "맞잖아."

"콘스탄틴, 엄마가 형하고 이야기하는 중이야."

"형이 먼저 시작했잖아요."

방문을 닫는다.

"그러니까 부당한 대우를 받는 것 같을 때?"

"네." 막스가 슬픈 목소리로 대답한다. 아마 벌써 여러 번 그런 기분을 느꼈던 것 같다.

"어떻게 하면 기분이 좋아져?"

"엄마랑 둘이 조용히 이야기해서 엄마한테 이유를 설명할 수 있으면."

그러니까 우리 아들도 벌써 나와 소통하는 나름의 전략을 마련해둔 것이다. 나는 절대 아이들을 차별하지 않는다. 장담할 수 있다. 그래도 아이는 차별받는다고 느낀 모양이다. 우리는 암호를 정했다. 만일 내가 아들을 부당하게 대한다고 생각되면 그 암호를 말하면 된다. 막스와 나만 아는 암호다.

어른은 아이에게 규칙과 질서를 가르칠 의무가 있다. 하지만 아이의 기분이 어떤지, 아이가 어떤 것에 마음이 동하는지 자세히 살필 필요도 있다. 우리한테는 사소한 일도 아이들에게는 심각한 문제일 수 있다.

어떻게 해야 할지 몰라 주저앉고 싶을 때는

나는 지금껏 다시 일어서자고 외쳤다. 그리고 당신도 나도 우리가 할 수 있다는 것을 잘 안다. 문제가 터져도, 힘든 일이 닥쳐도, 일진이 사나워도 우리는 다시 일어나 가던 길을 걸어갈 수 있다. 어떤 문제에도 해답을 찾을 것이며 그 무엇도 우리 발목을 붙들 수 없다.

하지만 이런 생각 역시 과도한 완벽주의의 냄새를 풍긴다. 그래서 당신은 어떨지 몰라도 나는 아주 가끔씩 '에라, 나도 모르겠다. 나 좀 가만 내버려둬!' 하는 심정이 된다. 우리 할머니는 말씀하셨다. "할 줄 아는 게 많으면 해야 할 것도 많지."

당신이 무슨 일이 닥쳐도 벌떡벌떡 일어서면 당신 주변으로 사람들이 우글우글 모인다. 다들 당신 턱밑에 주저앉아 일으켜 달라고 손을 내민다. 다들 당신만 쳐다볼 것이다. 그리고 당신이 모든 일을 다시 제자리로 돌려놓아야 한다. 어떻게 해야 할지 당신의 머리에는 항상 정답이 있으니까.

아, 물론 우리는 정답을 안다. 하지만 때로는 우리도 모르겠다는 표정을 짓고 싶다. 그냥 가만히 앉아서 누군가 "내가 할게."라고 말해주기를 기다리고 싶다. 우리라고 늘 의욕이 넘치는 것은 아니다.

할 줄 아는 게 많으면 해야 할 것도 많다

나도 가끔은 어찌해야 할지 몰라 주저앉을 때가 있다. 그럴 땐 어디서나 통하는 네안데르탈인의 전략을 슬쩍 베낀다. 욕하고 버럭 고함을 지르고 문을 쾅 닫고 초콜릿과 감자칩을 먹고 와인을 마신다. 그리고 쇼핑을 한다. 인터넷 덕분에 요즘에는 이 모든 것을 동시에 할 수 있다.

늘 강하지 않아도 된다. 욕해도 된다.

"아! 다 죽여버릴 거야, XXXXXX!"

절망해도 된다. 비록 더 심각한 문제가 이 세상에 널려 있다는 것을 알더라도 말이다.

그런 순간이 오면 일어서기의 왕은 보자기에 둘둘 말아 서랍에 넣어버리자. 이제는 드라마의 왕이 될 시간이다. 실컷 화내고 울고 징징대고 퍼마시고 난 후 드라마의 왕에게 작별을 고하라. "안녕, 잘 가요. 당신이 있어서 너무 든든했어요. 만나서 반가웠어요. 하지만 이제는 돌아갈 시간이에요. 이제 나는 다시 일어나 하던 일을 계속할 거예요. 안녕."

다들 그렇게 산다는 말은 하나도 위로가 되지 않아

당신의 문장을 적어보세요.

새벽 네 시에도 이유를 묻지 않고

문을 열어줄 친구가 한 사람만 있어도

우리는 두려움을 잊고 인생길을 성큼성큼 걸어갈 수 있다.

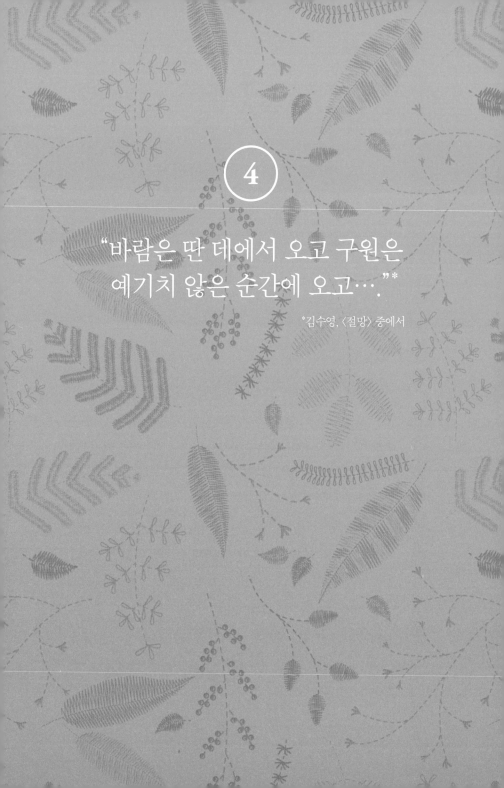

4

"바람은 딴 데에서 오고 구원은
예기치 않은 순간에 오고…."*

*김수영, 〈절망〉 중에서

소나기가 지나가면 상쾌하다

동료와 메일을 주고받는 중이었다.

나: "리얼?"

안네: "나도 걱정."

나: "그건 안 되지. 우리가 그걸 왜 맡아?"

안네: "너도 알잖아. 그 인간이 생각이란 걸 하디?"

직장 동료들이 열띤 토론을 벌일 때는 반드시 공공의 적이 있다. 대부분이 상사다. 당시 우리 상사는 상당히 괜찮은 사람이었지만 그래도 의견 차가 없을 수는 없는 법. 나도 그와 자주 충돌이 있었다.

이번에는 그가 우리한테 의논도 없이 몇 종의 잡지를 추가로 배당할 예정이라고 했다. 지금 와서 생각해봐도 도무지 이해할 수 없는 행동이었다. 상사는 우리에게 일을 나눠줄 뿐, 정작 광고를 따 오는 사람은 동료와 나였다. 결국 진짜 일은 우리 차지였다.

그런데 화났을 때 옆에서 동조를 해주면 더 불이 붙는 법이다. 둘이서 메일을 주고받다 보니 '분노 게이지'가 점점 더 상승했고 나오는 말도 점점 더 험악해졌다. 당연히 상사의 면전에서는 할 수 없는 말들이었다.

"자기는 휴가 가서 거시기에 햇살 쬐고 있는 주제에 우리더러 손 싹싹 비비며 광고 물어오라고? 웃기고 있네. 더러워서 못 해먹겠어."

나는 이렇게 적은 후 메일을 보냈다.

그런데 그 메일이 동료가 아니라 상사에게 발송됐다. 자정 직전이었다. 아마 찻물을 올려놓고 부엌을 왔다 갔다 하느라 깜빡 착각한 모양이었다. 어쩌다 그런 대형사고를 쳤는지 지금 생각해도 도저히 알 수 없지만 어쩌면 프로이트 말대로 무의식이 시킨 일이었는지도 모르겠다.

무의식이 시킨 실수?

어쨌거나 나는 몇 초 후 곧바로 실수를 알아차렸고 '보낸 메일함'에 들어가 재차 확인했다. 분명했다. 나의 메일은 상사에게로 날아갔다. 그 순간 내 몸에서 어떤 종류의 호르몬이 분비됐는지는 생물학자들한테나 물어봐야 할 일이다. 어쨌거나 온몸에서 땀이 줄줄 흘렀고 얼굴이 화끈거렸다. 너무나 충격을 먹은 나는 허둥지둥 노트북을 닫았다가 얼른 다시 열어서 구글에 들어가 검색창에 '이메일 취소하기'라고 쳤다. 아무 결과도 없었다. 다시 'PC를 원격조종으로 박살 낸다.'라고 쳤지만 이번에도 쓸 만한 검색결과는 없었다. 나는 잠시 고민에 빠졌다. 상사가 있는 곳으로 날아가서 호텔방에 잠입해 노트북을 훔친 후 이메일을 지운다? 나는 곧 그 계획을 포기하고 숨을 크게 쉬고는 동료에게 전화를 걸어 이 사실을 알렸다. 그도 당황했지만 나만큼 머리가 아프지는 않을 것이다.

일은 터졌다. 메일은 갔다. 달리 어쩔 도리가 없다. 그래서 나는 잠자리에 들었다. 다들 아는지 모르겠다. 그런 밤은 무지막지하게 길다. 나는 온갖 계획을 짜기 시작했다. 새벽 한 시와 두 시 사이에는 이렇게 말하는 것이 최고의 해결책인 것 같았다. "딴 사람한테 보낼 것을 잘못 보냈습니다." 세 시가 되자 그건 좀 아닌 것 같았다. 차라리 이렇게 말하면 어떨까? "제가 그날 술이 취해가지고 그만⋯. 아시죠?"

네 시가 되자 다른 직장을 찾아봐야겠다는 생각이 들었고 그러다 어찌어찌 잠이 들었다. 그리고 다들 알다시피 잠은 기적을 일으킨다. 다음 날 아침에 눈을 뜨자 생각이 정리됐다. 물론 일어나서는 안 될 일이었다. 그런 식의 욕설은 비겁했다. 하지만 솔직한 심정이기도 했다. 다만 그 말을 직접 얼굴 보고 할 용기가 없었을 뿐이다. 일이 이렇게 됐으니 아예 만나서 솔직하게 이야기를 나눠보는 것이 좋을 것 같았다. 나는 상사에게 문자를 보냈다. "드릴 말씀이 있습니다."

완벽한 사람은 없는 법, 내 상사도 탓할 구석은 많다. 하지만 절대로 꽁하거나 무례한 사람은 아니었다. 금방 상사에게서 답이 왔다. "그럽시다. 휴가 마치고 출근하면 그때 봅시다." 상사의 휴가 덕분에 우리는 화를 가라앉히고 이성을 되찾을 수 있는 시간을 벌었다. 그래도 나는 창피해서 쥐구멍이라도 들어가고 싶었고, 그 일로 몇 가지 교훈을 얻었다.

나를 일으켜 세운 한 문장

• 직접 만나 털어놓을 용기가 없다면 뒤에 숨어서 욕하지 마라.

• 잠잘 시간에는 메일 보내지 마라.

• 실수는 솔직하게 인정해라.

• 사과를 한다고 체면이 구겨지지 않는다.

• 소나기가 지나가면 공기가 상쾌해진다.

상사가 휴가를 마치고 출근한 날 나는 곧바로 그의 방으로 들어가 에두르지 않고 사과했다. "죄송합니다. …어찌 됐건 전적으로 제 잘못입니다. …그런데 솔직히 그런 식으로 일을 배분하시는 것은 아니라고 생각합니다…."

그는 내 말을 끝까지 들은 후 조용히 물었다.

"다 하셨어요?"

"네."

"그럼 이제 제 차례인가요? 거시기를 햇살에 쬐면서 회사 생각을 많이 했죠. 제가 일하는 방식이 마음에 안 들면 나가셔도 됩니다. 물론 그럼 저는 무척 아쉽겠죠. 하지만 위에서 그런 결정을 내렸을 때는 나름의 이유가 있지 않겠습니까? 어떤 불만이 있는 거죠?"

"솔직히 말씀드려도 되나요?"

"물론이에요."

"불만이…. 네, 불만이 있습니다."

그날 우리는 추가된 잡지 배당에 관해 솔직한 의견을 교환했다. 그리고 한 시간 후 타협점을 찾아 합의한 후 맥주 한잔을 같이 마셨다. 때로는 소나기도 내려야 한다. 그래야 공기가 상쾌해진다.

ㄱ　**당신의 문장을 적어보세요.**

　다들 그렇게 산다는 말은 하나도 위로가 되지 않아

고민할 시간이 있어서 불행한 거야

나는 걱정이 많다. 특히 잠 못 드는 밤 뒤척이다 보면 이런저런 걱정이 밀려온다. 아이들이 걱정이다. 이 험한 세상에 별 탈 없이 잘 클 수 있을까? 제 밥벌이나 할 수 있을까? 내가 잘 키우고 있나? 먹고살 일도 걱정이다. 대출금은 언제 다 갚지? 나중에 연금으로 먹고살 수 있을까? 다음 정기검진도 걱정이다. 아직 한참 남았지만 하루하루 다가오고 있으니. 이 모든 고민과 걱정은 결국 어디로 이어질까? 세상이 암울해지고 문제는 산처럼 커진다. 물론 고민해봤자 문제가 해결될 것도 아니다. 그저 오늘을 한껏 즐길 수 없을 뿐이다.

열다섯 살 무렵이었다. 할머니와 할머니 댁 식탁에 앉아 있었다. 할머니를 생각하면 자동적으로 떠오르는 그 아련한 구식 부엌이었다.

"왜 그래? 무슨 일 있어? 얼굴에 수심이 가득한데." 할머니가 물었다.

아무것도 아니라고 둘러대 봤자 할머니는 계속해서 캐물을 것이므로 나는 솔직하게 걱정을 털어놓았다. "시험 끝나고 애들이 모여서 논다는데 크리스티안도 온대요. 제가 말한 그 크리스티안요. 근데 그날 엄마 아빠와 우리 놀러가기로 했잖아요. 보나 마나 사브리나가 크리스티안한테 들이밀 거예요."

"그날이 언제야?"

"한 달 뒤요."

할머니는 구수한 쾰른 사투리로 이렇게 말씀하셨다. "한 달이면 아직 엉덩이도 안 생긴 새끼 새가 똥을 싸고도 남을 시간이다."

그 한마디로 족했다. 할머니는 정곡을 찔렀다.

아직 일어나지도 않은 일은 아무리 걱정해봤자 소용없다. 운이 좋으면 시간이 알아서 해결해준다.(정말로 4주가 지나자 크리스티안에 대한 내 마음이 싹 사라지면서 문제가 절로 해결됐다.) 문제가 있으면 문제를 고민하고 해결책을 찾아야 한다. 하지만 미래에 일어날지도 모를 문제까지 미리 고민할 이유는 없다.

에베레스트에 오를 장비를 갖추고서 들판을 걸어간다면 얼마나 한심한 짓인가. 들판에 핀 아름다운 꽃을 즐길 여유도 없이 오직 저 멀리 솟은 산만 바라보며 허둥지둥 걸어간다면 말이다. 이런 깨달음은 곧 현재를 살라는 가르침이다. 순간을 즐기고 지금 여기를 열심히 살라는 카르페 디엠의 교훈이다.

일어나지도 않은 일을 걱정해봤자

조지 버나드 쇼는 말했다. "인간이 불행한 이유는 불행한지 아닌지 고민할 시간이 있어서다." 옳은 말이다. 우울한 생각은 대부분 고민할

다들 그렇게 산다는 말은 하나도 위로가 되지 않아

시간이 있는 밤에 찾아온다. 그래서 가끔 나는 이런 의문이 든다. 진짜 문제가 무엇일까? 문제 그 자체? 아니면 끝없는 고민과 걱정? 그렇다면 고민할 시간이 없을 정도로 정신없이 바빠야만 행복할 수 있는 것일까? 그건 아닐 것이다. 하지만 쉬지 않고 자신의 상태를 살피고 그것을 붙들고 너무 오래 고민해본들 좋을 게 없다.

내가 만난 많은 사람들이 그랬듯 나 역시 일이 있어 좋을 때가 많았다. 방사선 치료를 받는 중에 나는 다시 강연을 시작했다. 내가 얼마나 대단한지 온 세상에 자랑하기 위해서가 아니라 평범한 생활로 돌아가기 위해서였다. 치료를 다 마치고 나니 정말로 일이 두려움을 잊는 유일한 방법이었다는 깨달음이 들었다. 그 전에는 조그만 증상이 나타나도 신경을 곤두세우고 걱정했다. 몸에만 관심을 쏟으니 온몸이 아프고 쑤시고 결렸고 어느 한 군데도 정상이 아닌 것 같았다. 걱정할 시간이 너무 많은 탓이었다. 나는 일을 시작해서 관심을 딴 곳으로 돌리려고 애썼다.

강연 일정 때문에 바쁠 때는 아침에 눈을 떠서 두통을 느껴도 고민할 시간이 없었다. 서둘러 뛰쳐나가 일을 하다 보면 어느 순간 두통이 사라지고 없었다. 만일 시간이 많았다면 구글에 들어가 유방암과 두통을 검색해보고는 하염없이 슬픔에 빠져 있었을 것이다. 인터넷 검색창에 유방암과 두통을 한번 쳐보라. 온갖 심란한 기사가 줄줄이 뜬다.

그래서 나는 일과 노동을 최고의 병원으로 삼기로 마음먹었다. 이런 결심을 밝힌 후 내가 들은 걱정과 비난을 일일이 적는다면 아마 백과사전 한 권은 거뜬히 만들고도 남을 것이다.

"쉬어야지, 암 환자가."

"그러다 재발하면 어쩌려고 그래. 스트레스는 만병의 근원이야."

"일하면 스트레스나 쌓이지 일이 무슨 효과가 있겠어?"

물론 대부분은 선의에서 나온 말이고 진심으로 나를 걱정해서 한 비난이었을 것이다. 하지만 무엇이 내게 유익한지는 내가 더 잘 안다. 죽치고 앉아서 건강 걱정만 하는 것은 단연코 내 체질에 맞지 않는다.

나를 일으켜 세운 한 문장

- 때로는 시간이 없는 게 더 좋을 때가 있다.
- 의미 있는 활동에서 얻는 행복이 걱정을 지운다.

그렇다면 의미 있는 활동이란 무엇일까? 온 세상이 시간이 없어 죽겠다고, 스트레스 받아 죽겠다고 투덜댄다. '인생의 러시아워'라는 말이 있을 정도다. 하지만 스케줄이 꽉 찬다고 다 충만한 삶일까? 괜히 쓸데없는 일로 바쁘기만 하다면 마음은 공허하지 않을까? 각자가 답해야 할 문제이기는 하지만 내 경험으로 볼 때 쳇바퀴 같은 시간은 만족을 주지 못한다. 직장도 그렇고 인간관계도 그렇다. 정신없이 바쁘기는 하지만 밤에 잠자리에 누워 행복하게 잠들 수 없다.

물론 대부분의 사람들은 먹고살기 위해 일을 한다. 열정이 넘치지 않아도, 만족하지 못해도 사정상 하는 수 없이 일을 해야 할 때도 많다.

그럼에도 만족하는 삶을 살 수 있는 가능성은 있다. 나도 직접 경험했고 나와 생각이 같은 사람들도 많다. 누군가에게 기쁨을 주거나 남에게 도움을 주는 것보다 더 큰 만족과 기쁨을 주는 일은 없다. 남을 돕는 것이야말로 자신의 결정이기 때문이다. 다시금 만나는 자기결정권이다. 또 바로 이것이 회복탄력성의 비법이다.

누구나 할 수 있다. 언제 어디서나 할 수 있다. 주변을 둘러보면 힘든 사람이 한둘이 아니다. 이웃 아주머니는 다리를 다쳐 장을 보러 가지 못한다. 둘째 아이가 아픈데 첫째를 데리러 어린이집에 가야 하는 친구도 있다. 직장을 잃어 어려움에 빠진 가정도 있다. 반드시 당신이 도와야 할 이유는 없지만 모두가 할 수 있는 만큼 손을 내밀어 도움을 준다면 아마 세상은 지금보다 훨씬 밝아질 것이다.

당신이 지금 힘든 상황이고 도와주는 사람은 하나도 없다는 생각이 든다 해도 당신이 먼저 첫걸음을 떼어놓아라. 필요한 것은 단 하나, 눈과 귀를 열면 된다. 자기 인생을 버리고 헌신할 필요까지는 없지만 가끔의 선행은 해가 되지 않는다. 그렇지 않은가?

내게로 올 것은 반드시 온다

"기분이 어때? 될 것 같아?"

"확실해. 백 퍼센트야."

나는 동료 안드레아와 함께 아동용 자동차 제조업체로 가는 길이었다. 당시 나는 라이프스타일 잡지의 광고 판매부에서 일하고 있었다. 몇 달 전부터 그 제조업체의 광고를 따기 위해 열심히 노력했는데 다행히 반응이 호의적이어서 오늘 마지막으로 프레젠테이션을 하려는 참이었다. 몇 주 전에는 본사까지 다녀왔고 박람회마다 찾아가서 인사를 하다 보니 그사이 직원들하고도 많이 친해졌다.

나는 많은 시간과 에너지를 그 업체에 투자했다. 하지만 아무리 많은 노력을 기울여서 사이가 좋아졌다고 해도 영업자는 결과로 말한다. 고객과 수다를 떨고 커피를 마시는 것이 직업이 아닌 이상 내 노력은 우리 잡지에 광고를 싣겠다는 계약서로만 보상받을 수 있는 것이다.

프레젠테이션은 고객의 욕구를 최대한 반영할 예정이었다. 프레젠테이션이 끝나면 회사 대표는 일어나 박수를 치며 악수를 권할 것이다.

나는 확신에 차서 가벼운 발걸음을 옮겼다. 모든 것이 계획대로 술술 풀렸다. 안드레아와 나는 멋지게 프레젠테이션을 마쳤다. 그런데 대표의 반응이 의외로 미적지근했다. 불만이 있는 것 같지는 않았지만 뭔가 개운하지 않았다.

"잘 들었습니다. 오시느라 고생하셨고요. 연락드리겠습니다." 정말로 냉담한 반응이 아닐 수 없었다.

나는 충격을 받았다. 이건 결코 내가 예상했던 반응이 아니었다. 박수갈채까지는 아니더라도 이렇게 냉담할 줄은 꿈에도 생각하지 못했다.

"고생은요. 저희들 나름대로 열심히 준비했는데 어떠셨는지…." 나는 상대의 눈치를 살피며 한 번 더 슬쩍 물었다. "자세한 사항은 이번 주말에 전화로 의논하시면 어떨까요?"

"제가 전화를 드리겠습니다." 대표는 내게 손을 내밀며 대화를 그만 마쳤으면 좋겠다는 신호를 보냈다.

"뭐가 문제지?" 차로 돌아왔을 때 안드레아가 내게 물었다. 그도 나만큼 충격을 먹은 것 같았다.

"내가 알아? 완전히 냉담한데. 처음으로 돌아간 것 같아."

우리는 말없이 차를 몰아 회사로 돌아왔다. 나는 고객에게 생각할 시간을 주기로 마음먹었다. 2주만 기다려보자. 그 정도면 충분하겠지. 물론 그 2주 동안 나는 엄청난 스트레스에 시달렸다. 다른 실적이 없었던 것은 아니지만 그것과 관계없이 자괴감이 밀려들었다. 영업자는 성공과 인정을 먹고사는 사람이다. 나도 예외가 아니다. 다 된 밥이었는데 뭐가 문제였을까? 다 잡은 물고기를 놓친 것처럼 속이 상해 죽을 것 같았다.

2주가 얼추 다 지나갔을 무렵 대표에게서 전화가 왔다. 그는 여전히 다정했지만 곧바로 본론으로 들어갔다.

"프레젠테이션은 정말 훌륭했습니다. 하지만 같이 일을 하지는 못할 것 같네요."

충격이었다. 내 입장에서 보면 크나큰 실패였다. 이제 나는 상사에게 그를 만나기 위해 쓴 교통비와 그와 함께 먹은 식사비를 청구해야 한다. '투자'라고 큰소리 뻥뻥 쳤던 비용이 모조리 허사로 돌아갔으니 무엇이라고 변명을 한단 말인가?

그래서 참지 못하고 대표에게 물었다. "죄송하지만 이유를 여쭤봐도 될까요? 제가 지금 너무 당황스러워서요."

"살다 보면 예상치 못한 일도 생기는 법이죠. 6개월 후에 다시 연락 주십시오." 끝. 종료. 대화는 이것으로 마무리됐다.

그런데 그의 마지막 말이 의미심장했다. 나는 비로소 그의 거절이 우리와는 별개의 문제가 아닐까 하는 의심이 들었다. 그때까지 나는 오직 나 자신과 계약에만 정신이 팔려 있었다. 그제야 프레젠테이션을 하는 동안 그 대표가 뭔가 마음이 콩밭에 가 있는 사람 같았다는 생각이 들었다. 무슨 일이 일어났을까? 때가 안 맞았나? 그런 생각이 들자 자괴감이 조금 옅어졌다.

모든 일에는 때가 있는 법

나는 이런 결론을 내렸다. 아직 때가 아니었다. 이유는 모르겠지만 그 고객은 나와 같이 일할 상황이 아니었다. 모든 일에는 때가 있는 법. 참고 기다리다 보면 언젠가 그때가 올 것이다.

더불어 나의 잘못도 깨달았다. 프레젠테이션은 좋았지만 발표 준비에만 정신이 팔려서 미처 고객을 살피지 못했다. 상대의 반응에 조금만 더 관심을 기울였더라면 그의 문제를 미연에 발견했을지도 모른다. 그랬더라면 내 쪽에서 먼저 그에게 다른 제안을 할 수도 있었을 것이다.

일주일 후 나는 무슨 일이 있었는지 마침내 알게 됐다. 업계 전체가 알고 있던 사실이었다. 그 업체가 소비자 기관에서 실시하는 제품 테스트에서 꼴찌를 했던 것이다. 그 소식이 전해진 시점이 하필이면 프레젠테이션 날 아침이었다. 아마 회사 전체가 발칵 뒤집어졌을 것이다.

나는 대표에게 이메일을 써서 나의 느려터진 소식통에 대해 사과했다. 또 어떻게 하면 도움을 줄 수 있을지 고민해 그에게 이런저런 제안을 했다. 그로부터 1년이 채 지나지 않은 어느 날, 그는 나의 최고 고객이 됐다. 올 것은 반드시 온다. 하지만 다 때가 있다.

당신의 문장을 적어보세요.

_____

_____

_____

_____

_____

_____

_____

_____

_____

_____

_____

_____

_____

_____

_____

다들 그렇게 산다는 말은 하나도 위로가 되지 않아

괜찮은 척하면 좀 어때?

"엄마, 제니가 마르코하고 헤어졌어요."

학교에서 돌아온 아들이 큰 소리로 외쳤다. 아들은 3학년이고 제니는 아들이 짝사랑하는 같은 반 여자아이였다.

"그래? 헤어지면 어떻게 되는데?"

3학년짜리의 만남이 어떤 것인지 사뭇 궁금해진 나는 조심스레 물어보았다.

"서로 안 쳐다보지." 아들이 당연하다는 듯 대답했다.

"그럼 그전에는 쳐다보기만 했어?"

"네, 그럼 무얼 해요?"

하긴, 쳐다보는 것 말고 또 뭘 하겠는가.

"이제 어쩔 거야?"

나는 아들이 나한테 이런 이야기를 해주는 것이 너무 좋아서 자꾸 캐물었다.

"제니한테 편지를 쓸 거예요."

그런 생각을 한 아들이 귀여워 죽을 것 같았다.

"엄마가 도와줄까?"

"싫어."

"도움이 필요하면 언제든지 말해."

아들은 손 편지를 적어 나한테 보여주었다. 아들은 제니에게 아이스크림 가게에서 만나고 싶다고, 나는 너 좋아하는데 너는 나 안 좋아하느냐고 물었다. 아들의 연애편지를 처음 본 나는 감격의 눈물을 흘렸다.

며칠 후 아이는 스티커가 따닥따닥 붙은 편지봉투를 들고 와서 내게 보여줬다. 제니의 답장이었다. 제니가 우리 아들한테 딱지를 놓지 않아야 할 텐데…. 내가 더 심장이 두근거렸다.

"뭐라고 썼는데?"

"만나서 아이스크림은 같이 먹을 거지만 나랑 사귀지는 않을 거라고요." 아이가 세상에서 제일 심각해 보이는 표정으로 대답했다.

"괜찮아?"

"괜찮아요. 이제는 리자가 좋아졌거든요. 히히. 엄마, 나 방에 들어가요."

그것으로 끝이었다. 나는 남자친구와 헤어진 지 얼마 되지 않아서 새 남자친구를 사귀지 않겠다는 귀여운 제니의 마음을 조금 더 알고 싶었지만 우리 아들은 아닌 것 같았다. 내가 열일곱살 때 우리 아들을 알았다면 얼마나 좋았을까? 아들은 격심한 사랑의 고통을 앓던 내게 참으로 쿨한 조언을 해줬을 것이다.

기다리면 또 온다

시몬이 내게 헤어지자고 말했다. 이유는 20여 년 후 막스가 짝사랑한 여자친구와 같았다. 그러나 시몬은 그전에 나와 두 번 데이트를 했고 손을 잡고 운동장을 걷기도 했다. 시몬은 그 학교에서 사귄 내 첫 남자친구였다.

친구들 보기가 창피했다. 월요일과 화요일에 커플이다가 갑자기 수요일에 서로 쳐다보지도 않는 사이가 되다니 말이다. 그래서 친구들에게 구구절절 사정을 설명했다. "전 여친과 너무 오래 사귀었잖아. 그래서 바로 여자친구를 만들기가 힘들대. 나도 충분히 이해해." 말을 하다보니 오히려 내가 시몬을 변호하는 입장이 됐다.

그러나 불과 일주일 후 시몬은 내게 최후의 일격을 날렸다. 크리스티네와 보란 듯이 학교 운동장을 걸었던 것이다.(시몬의 명예를 지켜주는 차원에서 한마디 덧붙인다면 둘은 결혼을 해서 아이까지 낳고 잘 살고 있다.)

그 모습을 목격한 열일곱 살 여자아이의 심정이 어땠겠는가? 나는 베개에 얼굴을 묻고 엉엉 울었고 〈라붐〉을 틀어놓고 빅이 사랑 때문에 엉엉 우는 장면을 계속 돌려 보았다. 영화에서도 그랬듯 나를 구원해준 사람은 우리 할머니였다. "살면서 절대로 뒤쫓아 가서는 안 되는 게 두 가지 있단다. 떠나는 버스와 남자지. 둘 다 기다리면 또 오거든." 할머니 말씀이 천 번 만 번 옳았다.

그런데 왜 사랑은 그렇게 고통스러울까? 사랑하는 사람이 그리워서? 아니면 사랑하는 사람에게 거부당한 것이 자존심 상해서? 남자들도 여자들처럼 힘이 들까?

언젠가 남편에게 사랑 때문에 괴로웠던 적이 있냐고 물었다.

"뭐 때문에?"

"사랑?"

"내가 누구를 사랑하는데?

이때 한마디만 더 하면 이혼서류를 내밀고 싶다는 생각이 불끈 치밀었다.

"글쎄, 나를 너무 사랑해서?"

"아니, 예전에 학교 다닐 때 같은 반 여자 친구를 좋아한 적은 있었지. 근데 나 말고 친구를 택했어." 남편이 불쑥 한마디 던졌다.

"그래서 어떻게 했어?"

"술 마셨지."

그것이 끝이었다. 남자들은 여자들만큼 배신감을 못 느끼는 것일까? 아니면 느끼는데도 술을 퍼마시며 쫓아버리는 걸까? 어쨌든 열일곱 살의 내겐 사랑이 너무 아팠다. 지금 와서 생각해보면 자존감을 갈고 닦으면서 그 고통을 달랬던 것 같다. 친구들 앞에서 아무렇지도 않은 척했고 시몬에게 보란 듯 다른 남자아이들을 만나고 다녔다.

이보다 더 정신적으로 성숙한 해결책을 제시할 수 있다면 나도 좋겠다. 인생의 글귀를 만나서, 인생의 선배를 만나서 큰 도움을 받았다는 식의 그럴싸한 이야기를 들려줄 수 있다면 좋겠다. 하지만 나에게는 유치하게 괜찮은 척하는 것 말고는 다른 방법이 없었다. 뭐, 지금 와서 돌이켜보면 그것도 나쁘지 않았다.

휴지통으로 버려야 할 것들

잘난 척하는 말로 들릴지 몰라도 나는 제법 많은 팬레터를 받는다. 할리우드 스타에 비하면 새 발의 피지만 나 같은 평범한 사람에게는 상당히 많은 양이다. 나는 하나하나 다 읽고 정성껏 답장을 쓴다. 사실 거의 모든 메일과 편지가 다정하고 따뜻하며 감동적이지만 그중에 아주 드물게 별로 친절하지 않은 내용이 있을 때도 있다. 한번은 텔레비전에 출연하고 난 후 어떤 사람이 이메일을 보냈다. 내용인즉슨, 내가 페미니스트인 척하지만 속으로는 '진짜' 여자가 되고 싶은 마음뿐이라는 것이다.

지금 같으면 "웃기고 자빠졌네."라면서 웃고 말았을 테지만 당시의 나는 그럴 수가 없었다. 너무 큰 상처를 받았고 기분이 나빴다.

눈에서 멀어지면 마음에서도…

저녁에 퇴근한 남편에게 메일을 보여주려고 찾았더니 실수로 메일을 삭제해버린 뒤였다.

"왜 그랬지? 나도 모르게 그랬네."

휴지통에서 메일을 불러내려고 하니까 남편이 말렸다. "그냥 둬. 미친놈이 한 말에 뭘 그리 신경을 써."

나는 남편의 말대로 메일을 불러내지 않았고, 잠시 후에는 휴지통에 든 것까지 삭제해버렸다. 나는 원래 그런 성격이 아니다. 평소의 나 같았으면 메일을 무한 반복해서 읽고 또 읽었을 것이다. 예전에 이별을 고한 남자친구의 마지막 문자를 읽고 또 읽었던 것처럼. 목적은 단 하나, 나를 괴롭히기 위함이다. 아무리 읽어도 사실은 달라지지 않는다. 고통의 시간만 연장될 뿐이다.

나를 일으켜 세운 한 문장

• 눈에서 멀어지면 마음에서도 멀어진다. 제일 지능적이고, 성숙한 해결 방안은 아니겠지만 그래도 한 가지 방편은 된다.

주의! 출판사 마감을 늦추려고 편집자의 독촉 메일을 삭제하는 건 도움이 안 된다. 그래봤자 마감은 마감이다.

다들 그렇게 산다는 말은 하나도 위로가 되지 않아

무슨 일이든 하룻밤 지나고 난 후에

"정말 잘 어울려요."

"안 어울려요. 할머니 같아요."

"할리우드 금발 배우 같아요." 단골 미용실 헤어디자이너가 나를 달래려고 애썼다.

"할머니 배우요?" 눈물이 나려고 했다.

금발로 염색을 했는데 색깔이 뭔가 칙칙했다. 내가 원하던 색이 아닌데다 정말로 늙은이 같아 보였다.

"이게 어두운 금발이에요." 옆에서 다른 헤어디자이너가 거들었다.

"그건 아니죠. 제가 탓을 하려는 게 아니라요, 정말 금발은 아니에요." 나는 손거울을 들고 밖으로 나갔다. 혹시 밝은 데서 보면 달라 보이지 않을까 싶었다.

과연 달라 보였다. 다르기는 달랐지만 내가 원하던 색은 아니었고 밝은 데서 보니 상태가 더 심각했다. 눈물이 뚝뚝 떨어졌다. '머리 색깔 하나로 눈물씩이나?' 당신은 그렇게 생각할지도 모르겠다. 변명을 하자면 그때의 나는 스물넷이었다. 더구나 다음 날 중요한 면접을 앞두고 있었다. 조금이라도 좋은 인상을 주기 위해 비싼 돈 들여 특별히 염색까지 했는데 돈은 돈대로 쓰고 꼴은 더 나빠졌으니 정말로 화가 났다.

"어떻게 좀 해봐요. 내일 면접이란 말이에요." 나는 애걸복걸했다.

"더 이상 손쓸 수가 없어요. 염색약이 독해서 지금 또 염색을 해서 다른 색으로 바꾸기는 어려워요." 돌아온 대답은 참담했다.

"정말요?"

정말이었다. 나는 할머니 헤어스타일을 하고서 기가 팍 죽어서 집으로 돌아갔다. 지금이라면 훨씬 담담하게 대처했을 것이라고 말할 수 있다면 좋겠지만 솔직히 지금이었어도 나는 아마 울고불고했을 것이다. 지금도 나는 여전히 망친 헤어스타일을 일종의 '실패'라고 생각한다. 아마 미용실에 갈 때면 마음 한구석에 큰 기대를 품기 때문인 것 같다. 미용실에 갈 때면 나는 어린아이처럼 신이 난다. 지극한 서비스를 받을 것이고 예뻐져서 돌아올 것이라는 기대가 있으니까. 그래서 머리가 예상과 다르면 세상이 무너진 것처럼 절망스러운 심정이 된다. 그날도 그랬다. 나는 집에 들어서는 순간 남자친구(지금의 남편)를 향해 소리쳤다.

"아무 말도 하지 마."

"아." 남친은 그 한마디 탄식만 내뱉었다.

"아무 말도 하지 말라고 했을 텐데." 나는 목욕탕으로 달려가며 괜히 생트집을 잡았다. 목욕탕 불빛 아래에서 보면 그나마 조금 나아 보이지 않을까 하는 기대가 있었다. 그렇게 온갖 짜증을 부린 후 마침내 나는 돌이킬 수 없다는 진리를 깨닫고 침대에 털썩 엎어졌다.

지금 당장 해결할 수 없을 때

그런데 다음 날 아침 기적이 일어났다. 하룻밤 지나고 나니 문제가 그리 심각해 보이지 않았다. 어제 그 난리를 쳤다는 것이 이해되지 않을 만큼 아무렇지도 않았다. 헤어 스타일은 여전히 마음에 들지 않았지만 화장을 잘하고 옷을 적당히 골라 입었더니 봐줄 만했다.

무슨 일이 일어난 것일까? 하룻밤 사이 문제가 절로 해결됐을까? 그렇지 않다. 그건 아니었다. 하지만 하룻밤 자고 나면 많은 것이 상대화된다. '잠이 보약'이라는 말은 이런 의미로도 해석할 수 있다. 이메일이나 메신저 내용에 화가 나서 곧바로 욕을 퍼부어놓고 다음 날 아침 후회한 적이 얼마나 많은지 모른다. 하루만 가만히 있었어도 훨씬 나은 답을 보낼 수 있었을 텐데 말이다.

중요한 결정을 앞뒀을 때도 마찬가지다. 나는 최소 하룻밤은 지나고 나서 결정을 내리려고 애쓴다. 나같이 금방 달아오르는 사람들은 무슨 일이든 성급하게 벌떡 일어나 "저요, 저요, 저요."를 외치기 십상이다. 유치원 행사 진행을 맡을 때도, 아이 학교의 봉사활동을 신청할 때도 나는 앞뒤 재보지 않고 무조건 손부터 든다. 그래 놓고 집에 와서 스케줄 달력을 들여다보면서 땅이 꺼져라 한숨을 쉰다.

사정사정해서 일정을 바꾼 적도 많고 봉사를 못하겠다고 우는소리를 한 적도 많다. 그것이 너무나 힘들고 괴로웠기에 지금은 절대 손부터 들지 않는다. 무슨 일이든 하룻밤 자고 난 다음에 결정한다.

나를 일으켜 세운 한 문장

· 해결책이 떠오르지 않을 때는 푹 자고 나서 다시 생각하라.

다들 그렇게 산다는 말은 하나도 위로가 되지 않아

내가 창피할 이유가 무엇인가

남들이 보고 있지 않다고 생각하면 인간은 못 할 짓이 없다. 여자들이라고 해서 다르지 않다. 물론 아주 가끔만 그러겠지만.

열일곱 살 때였다. 난생처음 남자친구 집에 초대받았다. 그의 어머니가 밥 먹으러 오라고 나를 불렀다. 두근거리는 가슴을 안고 어떻게든 잘 보이려고 신경 쓰느라 하루 종일 바빴다. 그때 나는 남자친구에게 홀딱 빠져 있었기 때문에 이게 꿈인가 싶었다.

남자친구는 나보다 나이가 조금 많아서 직업 훈련을 받는 중이었고 운전면허에 자기 차도 있었다. 그래서 가끔 학교가 끝날 때쯤 나를 데리러 오면 친구들이 부러워서 비명을 질렀다. 얼굴이 잘생겨서 다른 것은 안중에도 없었다. 사실 대화의 수준이 깊어야 할 이유도 없었다. 만나면 대화 말고도 할 일이 너무 많았기 때문이다. 이런 상황에서 집으로 초대를 받다니 너무 낭만적이었다.

저녁 무렵 나는 미래의 시어머니에게 드릴 꽃다발을 품에 안고 남자친구의 집 초인종을 눌렀다. 문을 열어준 그의 어머니는 너무나 반갑게 나를 맞아주었다.

"어머, 왔구나. 마리오한테 이야기 많이 들었어. 얼굴 보니 너무 반갑다."

"네, 안녕하세요. 집으로 불러주셔서 너무 감사합니다."

남자친구의 어머니는 나를 집 안으로 데리고 들어갔다. 우리는 첫눈에 서로에게 호감을 느꼈다.

"마리오는 내가 뭐 좀 갖다 달라고 해서 지하실에 내려갔어. 금방 올라올 거야."

남자친구의 어머니가 설명하는 그 순간 지하실 쪽에서 무슨 소리가 들렸다. 음, 뭐라고 표현해야 할까? 40년 동안 함께 살기 전에는 별로 듣고 싶지 않은 종류의 소리였다. 마리오가 계단을 천천히 올라왔다. 그런데 내가 집 안에 있는 줄 모르고 걸음을 옮길 때마다 한 번씩 내부의 압력을 방출했다. 한마디로 계단 하나를 오를 때마다 방귀를 뿡뿡하고 뀌었던 것이다.

그의 어머니와 나는 사색이 돼 가만히 서 있었다. 보아하니 그가 나보다 더 창피한 모양이었다. 어쨌든 마리오를 키운 사람은 자신이었으니까. 나도 눈을 어디 둬야 할지 몰라 허둥거렸다. 마침내 마리오가 그 집의 모든 냄새를 압도하는 영역 표시용 가스에 에워싸여 내 앞에 모습을 드러냈다.

"어, 왔네. 몰랐어. 언제 왔어?"

그가 반갑게 인사했다. 당황한 기색이라고는 티끌만큼도 없는 해맑은 목소리였다.

다들 그렇게 산다는 말은 하나도 위로가 되지 않아

"엄마, 밥 다 됐어요?"

그가 얼굴이 벌게진 엄마를 향해 환하게 웃으며 물었다. 정작 방귀의 당사자인 마리오는 너무나 아무렇지도 않았다. 그러나 우리 두 사람은 그날 저녁 시간이 그야말로 곤욕이었다. 둘 다 너무 창피스러워서 대화를 자연스럽게 주고받을 수가 없었다.

왜 그랬을까? 방귀를 뀐 사람은 그의 어머니도 아니고 나도 아니었다. 그런데도 우리는 창피해서 죽을 것 같았다. 정작 창피해서 고개를 들지 못해야 할 당사자는 눈썹 하나 까딱하지 않았는데도 말이다.

'내가 안 그랬어.'

남자들은 여자들보다 창피를 덜 느끼는 인간일까? 방귀를 뀐 범인이 여자가 아니기에 나는 뭐라고 판단을 내릴 수가 없다. 그저 조용히 지켜보고 내 나름의 결론을 끌어낼 뿐. 그날도 그랬다. 그 순간부터 마리오가 완전히 다른 사람으로 보였다. 예전처럼 멋있거나 귀엽지 않았다. 솔직히 '우웩!'이었다. 한마디로 우리가 오래갈 사이가 아니라는 사실을 깨달은 것이다. 이틀 후 나는 그에게 이별을 통보했다.

남이 창피한 짓을 저지를 때 당신은 어떻게 하는가? 열일곱 살의 나는 어쩔 줄 몰랐지만 만일 지금이었다면 농담을 던지며 넘어갔을 것이다.

그리고 이렇게 생각할 것이다. '내가 안 그랬어!'

요즘의 나는 범인이 가까운 사람이 아닐 경우 전혀 창피하다고 느끼

지 않는다. 더구나 당사자가 창피하지 않다는데 내가 창피할 이유가 무
엇인가?

매일 누군가의 세상은 산산조각이 나고…

소셜미디어 덕분에 나는 동지들을 많이 만났다. 특히 젊은 유방암 환자들을 많이 알게 됐고 지금까지도 돈독한 관계를 유지하고 있다. 진단을 받은 직후 앞으로 어떤 일이 펼쳐질지 내게 알려줄 수 있는 젊은 여성들을 찾아다녔다. 내가 걸을 길을 이미 다 걸은 후 무사히 건강을 되찾은 여성들을 만나고 싶었다. 종양의 종류가 나와 비슷한 여성 몇 명을 찾았고 우리는 서로 이메일을 주고받았다. 처지가 비슷하다 보니 금방 서로를 이해하게 됐다.

우리는 서로의 진행 과정에 관심을 기울였고, 누구 한 사람이 마지막 항암이나 방사선 치료, 수술을 무사히 마치면 함께 축하했다. 몇 명은 전화 통화를 하거나 직접 만나기도 했다. 나 혼자가 아니라는 생각에 그들에게서 많은 위안과 힘을 얻었다.

어느덧 그 친구들이 모두 전 과정을 통과한 순간이 찾아왔다. 우리 모두가 무사히 이겨냈다. 치료는 끝났고 머리카락은 다시 자랐으며 몇 명은 요양을 하고 몇 명은 다시 일을 시작했다. 나도 첫 책을 출간했다.

우리는 소셜네트워크를 통해 관계를 유지했고 누군가 정기검진에서 특이사항이 없다는 소식을 전하면 함께 기뻐했다.

유방암은 치료가 잘되는 암이다. 이는 수치로도 입증된 사실인데, 환자의 90퍼센트가 낫는다고 한다. 발병율이 높은 것에 비하면 완치율이 이례적으로 높다. 하지만 아무리 그래도 완치되지 못하는 비율이 있고, 그 수치 뒤에는 사람이 숨어 있다.

그렇기에 우리 중 한 명에게서 전이 소식을 전해 들은 순간 나는 큰 망치로 머리를 얻어맞은 듯 충격에 빠졌다. 두 아이를 차에 태우고 운전을 하는 중이었다. 차가 너무 막혀서 서 있다가 문자 알림이 울려서 확인을 했다. 나와 나이도 같고 종양 종류도 같은 여성이었다. 머릿속이 하얘지는 느낌이었다. 나는 벌벌 떨면서 차를 근처 주차장에 세웠다.

"엄마, 왜 그래?" 뒤에서 막스가 물었다.

"엄마 잠깐 전화 좀 할게." 나는 아이에게 이렇게 설명하고 허둥지둥 차에서 내려 그 페이스북 친구에게 전화를 걸었다.

"무슨 일이야?" 나는 인사도 없이 다짜고짜 물었다.

"간으로 전이됐어." 그의 음성에 슬픔이 가득했다.

"아니, 어떻게 그럴 수가 있지?"

"모르겠어. 뼈로도 전이된 것 같아서 내일 검사하기로 했어." 그는 기계적으로 의사의 말을 옮겼다.

"그럼 이제 어떻게 해야 하는 거야?" 내가 물었다. 그 당시 나는 이미 정상 생활로 돌아온 상태였다. 암에 대해 잊고 살 때가 많았고 더구나 전이에 대해선 전혀 아는 바가 없었다.

"항암을 다시 하겠지. 근데 니콜, 회복되지 못할 것 같아."

"말도 안 되는 소리 하지도 마. 당연히 나을 거야." 말은 그렇게 했지만 나도 모르게 눈물이 솟구쳤다. 그의 말이 옳다는 것을 나도 알았기 때문이다. 이런 상태가 되면 의사들은 상대적으로 빠른 시간 안에 사실을 털어놓는다. 그리고 치료의 방향을 완치에서 완화 쪽으로 바꾼다. 물론 전이가 되고도 오래 사는 사람들도 있다. 하지만 전이가 되면 치료가 힘든 것도 사실이다.

지나친 공감이 독이 될 때

전화를 끊고 나는 바닥에 털썩 주저앉았다. 그가 너무 불쌍하기도 했지만 무엇보다 혹시 나도 같은 처지가 되면 어쩌나 너무너무 겁이 났다. 집으로 돌아오는 내내 눈물이 흘렀다. 그러느라 뒷좌석에 앉은 아이들이 나를 보며 얼마나 겁을 집어먹었을지 미처 생각하지 못했다. 아이들 입장에서 생각해보라. 엄마가 전화를 하다가 갑자기 바닥에 털썩 주저앉았고 차에 올라타서도 아무 설명 없이 내내 울기만 한다. 얼마나 무서웠겠는가?

친구의 세상은 산산조각이 났다. 사실 매일 누군가의 세상이 산산조각 난다. 그마나 내 세상은 얼마 전에 겨우 짜깁기를 했고 아직 겉으로 보기에는 큰 문제가 없었다.

집에 와서 와인을 한 잔 마시고 엄마와 긴 통화를 마치고 나는 좀 잔인하지만 현실적인 나를 일으켜 세운 한 문장을 만들었다.

> 나를 일으켜 세운 한 문장

- 모든 사람의 운명에 백 퍼센트 공감해서는 안 된다.
- 모든 여성과 함께 죽을 수도 없을뿐더러 그러려고 해서도 안 된다.

페이스북 친구는 불과 몇 주 후 눈을 감았다. 페이스북이 없었다면 나는 그를 몰랐을 것이다. 그를 알게 된 것을 감사해야 할까? 화를 내야 할까? 살다 보면 모르는 게 약이 될 때도 많다. 나는 말할 것도 없고 우리 아이들 역시 우리의 세상을 다시 살 만한 곳으로 만들기 위해 혹독한 대가를 치렀다. 지금 와서 내가 모든 운명과 걸음을 함께한다면 우리의 작은 우주는 다시 행복해질 수 없을 것이다.

유방암 투병을 다룬 첫 책이 출간되자 같은 아픔을 겪은 많은 여성들이 연락을 해왔다. 당연히 그 수많은 대화와 만남에 나는 진심으로 감사한다. 하지만 달리 생각하면 더 많은 아픔과 고통을 알게 되기도 했다. 당연히 더 많은 여성들에게 작별을 고할 수밖에 없었고, 그 어떤 작별도 나는 평생 잊을 수 없을 것이다. 유방암센터에서 만난 여성들, 요양원에서 만난 여성들, 내 책을 읽고 북토크에 와줬던 여성들까지, 나는 정말로 많은 여성들의 죽음을 지켜보았다. 많아도 너무 많았다.

그러니 내가 살려면 어쩔 수 없이 그들과 선을 그어야 할 필요도 있다. 냉정하게 들릴지 모르겠지만 어쩔 수 없다. 환자 한 사람 한 사람과 '같이 죽는' 의사는 결코 명의가 될 수 없다.

나를 일으켜 세운 한 문장

• 같이 아파할 수는 있다. 하지만 그로 인해 내가 불행하면 안 된다.

• 너무 많은 동지를 아는 것은 축복이자 저주다.

당신의 문장을 적어보세요.

_____

_____

_____

_____

_____

_____

_____

_____

무조건 내 편을 들어주는 사람

주잔네는 15년 가까이 한 미용실에서 일했다. 그 미용실에서 허드렛일부터 시작해서, 헤어디자이너가 되고 아이를 둘이나 둔 지금까지 한 번도 미용실을 옮기지 않았다. 그사이 미용실 주인도 여럿 바뀌었고, 단골손님 중에는 어릴 때부터 그에게 머리를 자른 이들도 많다.

그 미용실에는 주잔네 말고도 두 명의 헤어디자이너가 더 있다. 안테는 주잔네보다 더 오래 그곳에서 일했고, 카롤라는 얼마 전에 새로 들어왔다. 둘 다 성격이 좋고 말이 잘 통하지만 특히 안테는 주잔네와 허물없이 아주 친하게 지냈다. 워낙 오랜 세월 같이 일하다 보니 미용실 밖에서 따로 만나는 일이 없어도 죽이 척척 맞았다. 말하지 않아도 상대가 무슨 생각을 하는지 훤했다.

어느 날 아침 한 사람이 미용실로 들어왔다. 주잔네는 평소처럼 밝은 표정으로 인사를 건넸다. "어서 오세요."

"급하니까 빨리 좀 해줘요. 시간이 없어서." 중년의 남자가 무뚝뚝하게 쏘아붙였다. 모르는 얼굴이 아니었다. 벌써 몇 번이나 부적절한 말

다들 그렇게 산다는 말은 하나도 위로가 되지 않아

로 눈살을 찌푸리게 한 사람이었다.

"예약하셨어요?" 주잔네가 정중하게 물었다.

"예약? 단골인데 무슨 예약을 해?" 손님의 말투가 점점 무례해졌다.

"단골이신지는 저도 압니다만 예약을 안 하셨으면 조금 기다리셔야 합니다."

"이게 무슨 소리야? 시간이 없다고 했잖아요. 단골 고객한테 이래도 돼?"

"단골이시니까 예약을 안 했어도 해드리는 겁니다. 30분 안에는 해드리겠습니다." 주잔네가 부글거리는 속을 꾹 참고 친절하게 대답했다.

그런데 갑자기 손님이 화를 벌컥 내며 미용실 데스크를 주먹으로 쾅 내리쳤다. "사람을 가지고 놀아? 여기 사장 어딨어?"

주잔네는 너무 어이가 없어 아무 말도 못하고 멍하니 서 있었다. 솔직히 겁도 났다. 황당한 손님도 기가 막혔지만 입 꾹 다물고 자기 할 일만 하는 두 동료가 더 기막혔다. 그 순간 사장이 소란스러운 소리를 듣고 안쪽에서 나왔다.

"아, 무슨 일이십니까?"

손님이 사장에게 다짜고짜 물었다. "아, 사장님? 이 미용실은 왜 이렇게 불친절하죠? 직원들에게 손님을 막 대해도 된다고 가르쳤나 보죠?"

주잔네는 어이가 없어 도움을 청하는 눈길로 두 동료를 쳐다보았다. 하지만 둘 다 입을 꾹 다물고 있었다.

"무슨 일이신지 모르겠지만 일단 제가 대신해서 사과드립니다." 사장이 손님에게 사과를 했다.

"사장님, 그게 아니라요." 주잔네는 안절부절 변명을 늘어놓으며 계속 동료들을 쳐다보았지만 두 사람은 끝끝내 나서지 않았다. 고개를 딴쪽으로 돌리고 자기 할 일만 찾아다녔다.

주잔네에게 그 이야기를 듣는데 화가 치밀어 견딜 수가 없었다. 주잔네도 이야기를 하면서 점점 목소리를 높였다.

"손님이야 그렇다 치고 동료들이 어떻게 그렇게 나 몰라라할 수 있는지 나 참 기가 막혀서. 황당한 손님이 트집을 잡을 때도 모른 척하더니 사장이 나타났을 때도 시치미 뚝 떼고 자기 할 일만 하는 거야. 너무 화가 났어. 나라면 절대 가만히 있지 않았을 거야. 적극적으로 나서서 자기들 편을 들어줬을 거야. 그 일이 있고 몇 주 동안 속앓이를 했지. 솔직히 이제는 예전처럼 그 둘을 편하게 대할 수가 없어."

무슨 일이 일어난 것일까?

주잔네는 동료들에게 신의를 기대했다. 서로를 굳게 믿어주고 어려울 때 힘이 돼줄 것이라고 생각했다. 그러나 예상은 빗나갔다. 안테와 카롤라는 모르쇠를 놓았다. 그것이 너무나 가슴 아팠다. 그러지 않으리라 믿었던 사람들이라서, 나라면 당장 편들어주었을 사람들이라서 더 상처가 됐다.

내가 아는 다른 한 사람도 비슷한 일을 겪었다. 그의 이름은 밀다이다. 그는 친한 여성들과 정기적으로 모임을 가졌다. 같이 여행도 다니고 콘서트도 가고 운동도 했다. 그렇게 15년 넘게 관계를 유지했는데 어느 날 새로운 여성 한 명이 그 모임에 들어왔다. 모임 사람들과도 이렇게 저렇게 아는 사이라서 처음부터 문제없이 사람들과 잘 어울렸다. 그런데 그 사람이 은근슬쩍 밀다를 괴롭히기 시작했다. 자꾸 트집을 잡고 밀다가 없는 자리에서 험담을 늘어놓았는데 어느 사이 모임 전체가 밀다를 밀어내는 분위기가 됐다.

"너무 화가 나서 단체 메시지 보낼 때 보란 듯이 그 여자를 빼버렸어요." 밀다가 내게 말했다.

"나머지 사람들은 뭐라고 했어요? 그 사람이 그렇게 하는데도 가만히 있었어요?"

"글쎄, 뭐라고 했나? ⋯. 아무 말도 안 했어요." 그가 슬픈 목소리로 대답했다.

"그게 무슨 말이에요?"

"솔직히 조금은 신의를 기대했죠. 15년이 짧은 세월은 아니잖아요. 그렇게 오랫동안 함께 했는데 참 그 시간이 아무것도 아니더라고요. 내가 너무 순진했죠?"

"배신했다는 거예요?"

"나 보란 듯이 그 사람을 초대하고 어디나 함께 다니더라고요. 한번은 그중 한 명에게 왜 그러냐고 물었더니 기가 막힌 대답을 했어요. '나한텐 아무 짓도 안 했어.'라고요."

나는 밀다와도, 주잔네와도 오래 이야기를 나눴다. 진정한 친구라고 생각했던 사람이 신의를 저버리면 그 배신감은 이루 말할 수 없다. 그러니 그 시간은 두 사람에게 인생의 전환점이 됐을 것이다. 밀다는 내게 이런 말을 했다. "내가 대체 누구랑 15년을 함께 보낸 건지 절로 자문해보게 됐어요."

　진정한 친구를 구분하는 기준도 바로 이것이다. 어떤 일이 있어도 당신의 편이 돼줄 사람, 당신을 믿고 지지해줄 사람이 진짜 친구다. 진정한 친구라면 서로에게 조건 없는 믿음과 의리를 줘야 한다고 나는 생각한다. 그러기에 나는 주잔네와 밀다의 배신감이 충분히 이해됐다. 두 사람은 정말로 큰 상처를 받았을 것이다. 오랫동안 사람을 잘못 판단했기에, 자신이 생각하는 우정과 상대의 우정이 같지 않다는 사실을 절감해야 했기에 무척 마음이 아팠을 것이다.

　어린 시절에 경험한 신의는 회복탄력성의 바탕이 된다. 받아본 사람이 줄 줄도 안다. 부모나 주변 사람들의 신의를 경험해본 사람은 나중에 어른이 돼서 신의를 지킬 줄 안다. 어린 시절을 돌아볼 때 제일 먼저 떠오르는 장면은 그런 순간들이다. 엄마 아버지, 할머니 할아버지의 무한한 신뢰를 받았던 순간들, 그분들의 전폭적 지지를 받았던 순간들이다.

평생 잊을 수 없는 기억

　1998년 김나지움 10학년 때였다. 학부모 면담하는 날, 엄마는 화학 선생님에게 불려갔다. 내 화학 성적이 형편없는 것이야 모두 아는 사실이었지만 사실 나는 엄마에게 말하지 않고 자주 화학 수업을 빼먹었다. 들어도 모를 수업을 듣기보다는 재미난 쇼핑센터 구경이 더 인생에 도움이 될 것이라고 생각했기 때문이다.

"니콜 어머님, 따님의 화학 성적은 아시죠?" 화학 선생님이 물었다. 그는 학교에서 나한테 제일 불친절한 선생님이었다.

"아, 네. 압니다. 자연과학 쪽은 애가 영 흥미가 없네요. 저희는 그냥 하는 수 없다고 생각하고 있습니다." 엄마가 공손하게 대답했다.

"수업에 아예 들어오지 않는데 어떻게 성적이 오르겠어요?" 선생님은 나를 한 번 째려봤다가 다시 한 번 안경 너머로 엄마와 나를 번갈아 쳐다보았다.

엄마는 내가 한 짓을 전혀 몰랐으면서도 표정 하나 바꾸지 않고 대답했다. "아, 네. 최근에 집안에 일이 좀 많았습니다. 미리 말씀을 드리고 양해를 구해야 했는데 제가 그만 정신이 없어서 죄송합니다." 엄마는 정중한 태도를 잃지 않고 선생님께 사과했다.

벌떡 일어나 엄마를 부둥켜안고 싶은 것을 꾹 참았다. 엄마는 딸의 잘못을 알면서도 선생님 앞에서 무조건 내 편을 들어줬던 것이다.

밖으로 나오자마자 나는 엄마를 끌어안고 크게 소리쳤다. "우와, 엄마, 고마워."

"집에 가서 이야기하자." 나의 감격과 달리 엄마는 차갑게 대답했다. 그리고 그날 오후 집으로 돌아간 내게 엄마는 외출 금지령과 용돈 삭감령을 내렸다.

흠…. 벌은 피할 수 없었지만 그래도 신의는 지켜졌다.

엄마가 그렇게 내 편을 들어준 것은 할머니에게 그런 교육을 받고 자란 덕분이었다. 1973년 쾰른 여자실업고등학교에서도 비슷한 일이 일어났다.

"친구들이랑 담배를 피우다가 교장선생님한테 딱 걸렸지 뭐야. 교장선생님이 당장 엄마를 호출했지. 나는 교장실에 잡혀 있었는데 갑자기 엄마가 쑥 들어오는 거야. 얼마나 놀랐던지." 엄마가 옛날이야기를 들려줬다.

"선생님, 무슨 일입니까?" 교장실로 들어온 할머니가 놀라 선생님께 물었다.

"어머니, 댁의 따님이 담배 피우는 걸 아셨습니까?" 교장선생님이 근엄한 음성으로 되물었다.

할머니의 몸이 움칠하는가 싶더니 아주 태연한 목소리로 할머니가 대답했다. "네, 알았습니다."

그러자 오히려 교장선생님이 더 당황했다. "네? 알고 계셨어요?"

"제가 담배를 피워서…. 제가 먼저 끊겠습니다."(70년대에는 담배 피우는 여자가 드물기도 했거니와 어디를 가나 고운 시선을 받지 못했다.)

교장선생님은 할 말을 잃었다.

"허, 그것 참. 네, 정 그러시다면. 어쨌든 학교에서는 담배를 피울 수 없습니다. 잘 가르쳐주세요."

"네, 그러겠습니다. 죄송합니다."

두 사람은 교장실을 나왔고, 학교 주차장에 도착하자 할머니가 버럭 고함을 질렀다. "한 번만 더 담배 피우다 걸리면 끝장인 줄 알아." 엄마가 받은 벌은 3주 외출 금지였다.

그래도 할머니는 교장선생님 앞에서는 조건 없이 엄마 편이 돼줬다. "그 순간을 난 아마 평생 잊지 못할 거야." 엄마는 내게 말했다.

이런 신의는 원초적 신뢰를 낳는다. 무슨 짓을 해도 내 편이 돼줄 사람만큼 든든한 뒷배가 어디 있겠는가? 나도 엄마와 할머니의 기를 물려받아 둘째가라면 서러워할 정도로 신의를 지키는 사람이다. 굳이 내 발을 밟지 않아도 된다. 내가 좋아하는 사람, 내가 믿는 사람을 누가 건드리면 나는 절대로 가만히 있지 않는다.

　한번은 친구가 남편에게 배신을 당했다. 그 남편이 나를 찾아와서 자기 입장을 설명했다. 남편의 말을 들어보니 이해할 수 있는 부분도 많았다. 하지만 그의 입장 따위는 중요치 않았다. 내 친구니까, 내 친구가 먼저였다. 이런 태도가 나쁠 수도 있지만 어쩔 수 없다. 나는 무조건 친구 편이다. 한번 신의를 경험하면 평생 잊을 수 없다. 무조건 내 편을 들어줄 사람이 곁에 있다는 기분이 들면 이루 말할 수 없이 든든하다.

　앞서 우리는 회복탄력성에 대해 이야기했다. 가족이건 친구건 한 사람하고만 강한 유대관계에 있어도 인간은 역경을 무사히 넘을 수 있다고 배웠다. 주잔네와 밀다는 신의를 지키는 진짜 친구가 있다고 믿었다. 그들을 신뢰할 수 있다고 확신했다. 그러나 그 믿음은 배반당했고 그들은 크게 실망했다. 주잔네는 말했다. "그날 이후 두 번 다시 그들을 지키기 위해 노력하지 않았어."라고.

　어쩌면 우리는 신의를 까먹어버린 시대를 살고 있는지도 모르겠다. 아니 어쩌면 의도적으로 신의를 저버리는 것인지도 모르겠다. 자기 이익만 생각하는 사람들에게 둘러싸여 살다 보면 언젠가 당신도 남을 돕고 지지할 필요가 있을까 하는 회의가 들 것이다.

　하지만 실망하지 마라. 당신과 생각이 같은 사람은 많다. 새벽 네 시에도 이유를 묻지 않고 문을 열어줄 친구가 한 사람만 있어도 우리는 두려움을 잊고 인생길을 성큼성큼 걸어갈 수 있다.

주잔네와 밀다는 큰 상처를 입었지만 어쨌든 털고 다시 일어섰다. 그리고 그 경험을 통해 새로운 일어서기 문장을 만들었다.

나를 일으켜 세운 한 문장

- 남들도 나와 같으리라 생각하지 마라. 내가 생각하는 우정이 남들이 생각하는 우정과 다를 수 있다.
- 그럼에도 신의가 있어야 친구다.
- 진짜 친구는 아주 적다. 나머지는 다 그냥 지인이다.

당신의 문장을 적어보세요.

_____

_____

_____

_____

_____

다들 그렇게 산다는 말은 하나도 위로가 되지 않아

행복이란 그것을 깨닫는 능력

남보다 적게 가진 사람들이 남보다 더 만족하며 사는 경우를 목격하면 당황스럽다. 어떻게 그럴 수가 있을까? 여기서 '적게 가진'이라는 말은 물질을 가리키기도 하지만 신체를 말하기도 한다.

닉 부이치치가 대표적인 인물이다. 유감스럽게도 나는 아직 그를 직접 만나본 적이 없다. 또 그가 하는 식의 번잡스러운 대규모 강연을 좋아하지도 않는다. 하지만 닉 부이치치는 보통의 그런 강사들과는 다르다. 다른 사람들에게 없는 것을 그가 가졌기도 하지만 다른 사람들에게 있는 것을 그는 가지지 않았기 때문이다. 그는 태어날 때부터 팔과 다리가 없었다.

직접 만나 대화를 나눌 기회가 없었기 때문에 지금 이 자리에서 그의 말을 인용하거나 딴 사람의 평가를 전달하고 싶지는 않다. 하지만 그의 사연을 들으면서 나는 이런 의문이 들었다. 팔다리가 없는 사람이 어떻게 삶에 만족할 수 있으며, 거기서 한 걸음 더 나아가 오히려 몸이 성한 사람들에게 위안을 줄 수 있을까? 그렇다면 만족과 감사의 마음을 알기 위해서는 먼저 포기를 배워야 하는 것일까?

진정한 만족은 마음에서 온다

세상을 둘러보면 정말 그런 것 같기도 하다. 물질과 돈과 소비만으로 인간은 행복할 수 없다. 성공과 명예와 인기만으로도 행복할 수 없다. 그런 사례는 차고도 넘친다. 그렇다면 무엇이 행복과 만족을 줄까? 행복이란 그것을 깨닫는 능력인 것 같다. 본질적인 것, 정말로 중요한 것에 더 많은 관심을 기울인다면 세상이 달라 보일 테니 말이다.

이 책을 읽는 대부분의 독자는 팔과 다리가 있을 것이다. 닉 부이치치보다는 많은 것을 가졌을 것이다. 다시 말해 행복하고 만족하기 위해 필요한 모든 것을 갖고 태어났을 것이다. 설사 안경을 쓰더라도 앞을 볼 수 있다면 지는 해와 풀잎에 맺힌 이슬방울과 아름다운 꽃을 감상할 수 있다. 유치하게 들린다고? 나는 행복의 소리가 들린다.

내일의 큰 행복을 기다리지 마라. 날씨가 좋으면, 해외여행을 가면, 월급이 오르면, 일을 다 하고 나면 행복할 것 같은가? 일을 하면서도 지금 당장 행복할 수 있다. 이 세상에는 간절히 일을 바라지만 할 수 없는 사람들도 많다. 어느 날 운명의 여신이 천사처럼 나타나 그릇된 생각을 바로잡아 줄 것이라 기대하지 마라.

갖지 못한 것만 쳐다보면 절대 만족하지 못한다. 외제차를 산 이웃과, 명품을 입은 친구와 자신을 비교하지 마라. 어차피 그런 것들은 수명이 정해진 물질일 뿐이고, 또 친구가 비싼 옷을 입어서 행복한지 불행한지 당신은 알지 못한다. 아마 모르긴 해도 명품을 입었다고 해서 행복하지는 않을 것이다. 설사 행복하다고 해도 물질적 행복은 오래가지 못한다. 잠깐의 기쁨이 잦아들면 그 자리에 남는 것은 공허한 마음뿐이다. 진정한 만족은 마음에서 온다.

나를 어둠의 구렁에서 끌어내 준 그 행복의 리스트를 여기서 또 한 번 소개한다.

ㄱ   나의 행복 리스트

•비 오는 날 아이들과 보드 게임 한 판

•맛난 음식을 먹으며 친구들과 실컷 나눈 수다 한 판

•마루를 뛰어다니는 아이들의 작은 맨발

•기나긴 겨울이 끝났음을 알리는 환한 봄 햇살

•샤워하고 시트를 갈아 끼운 침대에 눕는 그 순간의 평화

•아침의 커피향

가진 것을 바라보라. 당신이 얼마나 많은 것을 갖고 있는지 깨닫게 될 것이다.

당신의 행복 리스트

다들 그렇게 산다는 말은 하나도 위로가 되지 않아

다시 일어서기는 다리가 아닌
마음에서 시작된다

만병통치약이 있다면 얼마나 좋을까? 누구나 쉽게 회복탄력성을 키울 수 있는 방법이 있다면 참 좋을 것 같다. 하지만 아마 아무리 열심히 찾아도 못 찾을 것이다. 그런 약은 없으니까. 그래도 너무 실망하지는 마라. 당신은 이미 수없이 넘어졌을 것이다. 그래도 오늘 아침 눈을 뜨고 자리에서 일어났다면 이미 충분히 강인한 사람이다. 아마 우리 모두의 배낭에는 최고의 해결책이 들어 있을 것이다. 그저 우리가 그 사실을 모를 뿐.

우리는 스스로 생각하는 것보다 훨씬 강하다. 물론 나는 당신이 그 강한 힘을 쓸 일이 없기를 진심으로 바란다. 그러나 혹시 쓸 일이 생기거든 그냥 자신을 믿어라. 당신은 해낼 수 있다.

나는 한 번도 회복탄력성을 훈련해본 적이 없었다. 그에 대해 글을 읽은 적도 없었을 뿐더러 아예 그런 것이 있다는 사실조차 몰랐다. 그래도 사는 동안 내내 어떻게든 회복탄력성을 훈련했던 것 같다. 인생이란 평탄한 직진 코스가 아니다. 굴곡이 있고 오르막과 내리막이 있어서 쉴 새 없이 핸들을 꺾고 오르락내리락해야 한다. 그 과정에서 우리는 자신도 모르는 사이 저항력을 키우고 회복탄력성을 배우게 된다.

저항력이 있다고 해서 절대 나쁜 일을 겪지 않는 것은 아니다. 슬퍼하거나 절망하지 않고 하루 종일 로켓처럼 돌진해야 하는 것도 아니다. 내가 생각하는 회복탄력성은 나쁜 일을 혐오하지 않고 오늘의 상처를 내일까지 짊어지고 가지 않는 것이다. 이겨낼 수 있다고 스스로를 믿는 것이며, 일진이 사나운 날도 인생의 한 페이지로 받아들이는 것이다. 잘될 것이라는 확신을 절대 잃지 않는 것이다. 문제를 보지 말고 해결책을 보라. 문제에 초점을 맞추면 마음이 괴롭지만 해결책을 찾다 보면 흥이 날 수도 있다.

언젠가 아이들을 데리고 소풍을 간 적이 있었다. 셋이서 신나게 하루를 보내고 기분 좋게 집으로 향했다. 한 5분쯤 달렸을까? 평소 전혀 막히지 않던 구간인데 갑자기 차가 밀리기 시작했다. 무슨 일인가 싶어 라디오를 켰더니 부근에 사고가 나서 도로 정체가 심하다는 뉴스가 흘러나왔다. 애들까지 데리고 고속도로에 붙들려 있어야 한다고 생각하니 머리가 아팠다.

해결책은 당신의 손안에 있으니까

하지만 정작 내가 걱정했던 아이들은 아무렇지도 않았다. 오히려 나를 위로하고 내게 힘이 돼줬다. 내가 초조해서 화를 내자 큰아들이 말

다들 그렇게 산다는 말은 하나도 위로가 되지 않아

했다. "엄마, 물이 많이 있어서 다행이에요. 그쵸?" 어린 둘째까지 옆에서 거들었다. "쪼꼬레트도 있어요."

아이들은 그 상황을 문제라고 생각하지 않았다. 그저 새로운 상황이라고 생각했을 뿐이다. 그리고 사실 아이들의 말이 맞았다. 셋이 함께 있고 먹을 것도 마실 것도 넉넉하고 시간에 쫓기는 것도 아니니까 그냥 편안하게 기다리면 되는 것이었다. 우리는 그날 도로 정체를 받아들이는 수준을 넘어 그 시간을 한껏 즐겼다. 카를 발렌틴의 말이 실감 나는 시간이었다.

"비가 오면 기분이 좋아요. 내가 기분이 안 좋을 때도 비는 오니까요."

맞다. 우리는 고속도로에 갇혔다. 몇 시간 동안이나 제자리에 서 있어야 했다. 하지만 즐거웠다. 노래도 부르고 이야기도 하고 웃고 떠들며 그 시간을 한껏 활용했다. 물론 조건이 있다. 아이와 어른이 모두 서로에게 집중했다. 스마트폰을 들여다보며 시간을 허비하지 않았다.

그런 시간 시간들이 훈련의 순간일 것이다. 문제가 생겼을 때 눈길을 해결책 쪽으로 돌리는 훈련을 할 수 있는 순간 말이다. 문제와 달리 해결책은 당신의 손안에 있으니까. 관점을 바꾸면 세상을 더 명확하게 볼 수 있다. 또 문제에 머문 눈길을 돌려 해결책을 모색하고 긍정적인 측면을 찾다 보면 자기결정권을 회복할 수 있다. 내가 선택하고 결정한 행동을 할 수 있다. 바로 이 자기결정권이야말로 다시 우뚝 일어설 수 있는 버팀목이다.

지금껏 우리는 다양한 전략들을 배웠다. 내가 모르는, 당신만 아는 비법들도 많이 있을 것이다. 어떤 방법을 택하건 모든 것은 마음에서 시작된다. 생각이 행동을 좌우하며, 나아가 생각이 당신이라는 인간을 만든다는 사실을 명심하라. 선택은 그 누구도 아닌 당신의 손에 달렸다.

누구 짐이 더 큰지 따지지 않겠다

이제 이 책을 덮는 당신의 반응은 둘 중 하나일 것이다. "잘난 척하기는. 자기가 무슨 박사야?" 혹은 이렇게 말할 수도 있다. "흠, 좋아. 나도 한번 해봐야겠어."

당연히 나는 척척박사가 아니다. 무슨 문제든지 해결책을 줄 수 있지도 않다. 또 살다 보면 정말 어쩔 수 없는 일들이 많이 일어난다. 하지만 어느 편이 더 도움이 되겠는가? 한 번뿐인 인생이다. 인생이란 것이 인터넷에서 주문만 하면 택배기사가 상자에 담아 "자, 새 인생이요!" 하며 배달할 수 있는 것이 아니라는 말이다.

회복탄력성의 반대말은 취약성(vulnerability)이다. 이 말은 어떤 문제에 스트레스로 반응하는 민감성을 뜻한다. 이것을 대안으로 선택하겠는가? 사사건건 스트레스를 받으며 아파하겠는가? 그것보다는 조금 힘들더라도 인생의 뿔을 잡고 맞서 싸우는 편이 낫지 않겠는가? 우리 모두는 짐을 짊어지고 걸어간다. 누구 짐이 더 큰지 따지는 경쟁과 비교는 무익할 따름이다.

어떤 형태건 지금 당신이 위기에 처했다면 이 책이 당신에게 조금이라도 도움이 되기를 간절히 바란다. 내가 직접 겪었거나 옆에서 지켜보며 얻은 이 많은 깨달음이 당신의 든든한 버팀목이 될 수 있다면 정말 좋겠다. 혹시 인연이 돼 당신의 소식을 전해 듣거나 얼굴을 볼 수 있다면 더 좋겠지만 그러지 못하더라도 우리 함께 열심히 이 고단한 인생길을 걸어가기로 하자.

다들 그렇게 산다는 말은 하나도 위로가 되지 않아

초판 1쇄 발행 2019년 1월 28일

지은이 • 니콜 슈타우딩거
옮긴이 • 장혜경

펴낸이 • 박선경
기획/편집 • 김시형, 권혜원, 김지희, 한상일, 남궁은
마케팅 • 박언경
표지 디자인 • 엄혜리
본문 디자인 • 디자인원
제작 • 디자인원(031-941-0991)

펴낸곳 • 도서출판 갈매나무
출판등록 • 2006년 11월 30일 제 2006-000092호
주소 • 경기도 고양시 일산동구 호수로 358-25 (백석동, 동문타워II) 912호
전화 • 031)967-5596
팩스 • 031)967-5597
블로그 • blog.naver.com/kevinmanse
이메일 • kevinmanse@naver.com
페이스북 • www.facebook.com/galmaenamu

ISBN 978-89-93635-07-2/03190
값 14,000원

- 잘못된 책은 구입하신 서점에서 바꾸어드립니다.
- 본서의 반품 기한은 2024년 1월 31일까지입니다.

이 도서의 국립중앙도서관 출판예정도서목록(CIP)은 서지정보유통지원시스템 홈페이지
(http://seoji.nl.go.kr)와 국가자료공동목록시스템(http://www.nl.go.kr/kolisnet)에서
이용하실 수 있습니다.(CIP제어번호: CIP2019001037)